Susanne Kahlig

Heidelberg zu Fuß

Susanne Kahlig

HEIDELBERG zu Fuß

Die schönsten Spaziergänge

societäts\verlag

INHALT

122

15

35

116

152

57

93

80

103

HEIDELBERG

Durch das Scannen des QR-Codes werden Sie auf unsere Website geleitet (alternativ dazu finden Sie hier den Link: https://societaets-verlag.de/heidelberg-zu-fuss-gps/). Mit dem Passwort HeidelbergEntdecken! erhalten Sie Zugriff auf den geschützten Bereich. Dort können Sie die gewünschten Tracks kostenfrei herunterladen und mit einem Endgerät Ihrer Wahl auslesen lassen.

Sämtliche Tracks wurden von der Autorin und dem Verlag nach bestem Wissen und Gewissen überprüft. Dennoch können wir Fehler und Abweichungen leider nicht ausschließen, beispielsweise, wenn sich Gegebenheiten vor Ort verändern.

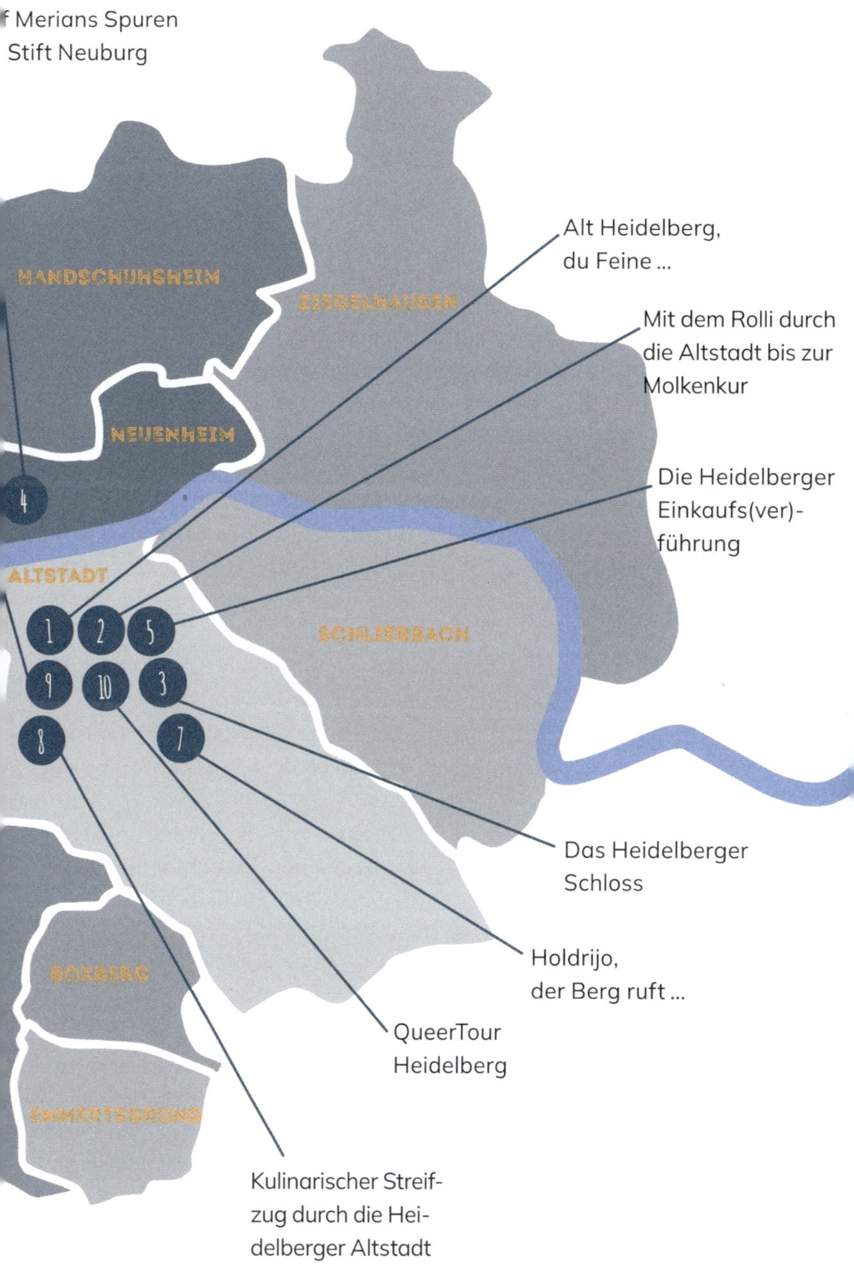
f Merians Spuren
Stift Neuburg
HANDSCHUHSHEIM
ZIEGELHAUSEN
NEUENHEIM
ALTSTADT
SCHLIERBACH
BOXBERG
EMMERTSGRUND
4
1
2
5
9
10
3
8
7
Alt Heidelberg, du Feine …
Mit dem Rolli durch die Altstadt bis zur Molkenkur
Die Heidelberger Einkaufs(ver)-führung
Das Heidelberger Schloss
Holdrijo, der Berg ruft …
QueerTour Heidelberg
Kulinarischer Streif-zug durch die Hei-delberger Altstadt

VORWORT

49° 25' N , 8° 42' O

Gäben Reisende aus einer anderen Welt diese Koordinaten in ein wie immer geartetes Navigationssystem ein, kämen sie direkt – geflogen, gefahren oder gebeamt – nach Heidelberg!

Die Stadt in Deutschland, die fünftgrößte in Baden-Württemberg, von der nicht nur Einheimische, Neigeblaggde und Touristen aus aller Welt behaupten, sie sei eine der schönsten Städte Deutschlands, gar Europas, wenn nicht sogar der ganzen Welt ...

Als Erklärung für diesen doch euphorisch wenn nicht überheblich anmutenden Superlativ muss die den Heidelbergern in die Wiege gelegte Liebe zu ihrer Stadt zu Gute gehalten werden. Die anderen verlieben sich dann von ganz allein – bei einem Kurzurlaub, der länger werden kann, während des Studiums, bei einem Spaziergang am Neckarufer oder im Schlossgarten, am helllichten Tag oder in sternenklarer Nacht. Kurzum: Heidelberg ist wunderschön! Nicht nur die weltberühmte Schlossruine und die pittoreske Altstadt als klassische Spitze des touristischen Eisberges lassen die Menschen ins Schwärmen geraten.

Das Herz, das man hier verlieren kann, die älteste Universität Deutschlands, die Hochburg der deutschen Romantik, das bezaubernde Neckartal, all das trägt zum Mythos Heidelberg bei – »... der Vaterlandsstädte Schönste, soviel ich sah«, wie bereits Friedrich Hölderlin wusste. Und der bediente sich schon damals des Superlativs!

Der Rückblick in die großen Zeiten des Heiligen Römischen Reiches mit Liebe, Tragödie und so manchen Kriegen ziehen jedes Jahr an die 3,5 Millionen Besucherinnen und Besucher an. Auch die Kurpfälzer Lebenslust, Lebensfreude und auch Lebensart, die den Bewohnern der ehemaligen kurfürstlichen Residenz quasi angeboren sind, locken immer mehr Menschen nach Heidelberg und in seine reizvolle Umgebung.

Von Luftangriffen während des Zweiten Weltkrieges weitgehend verschont geblieben, gewährt die Stadt Einblick in den barocken Wiederaufbau des 18. Jahrhunderts nach der kompletten Zerstörung durch die Truppen Ludwigs XIV. im Jahre 1693.

Betrachten wir Heidelberg nicht nur von seinen klassisch schönen und teils schon bekannten Seiten, sondern auch unter ganz anderen Aspekten, wie zum Beispiel in unserem neuen Spaziergang »Queer-Tour Heidelberg«.

Der große erweiterte Serviceteil soll die geneigten Leser und Heidelberg-Liebhaberinnen zu einem längeren Aufenthalt animieren, denn es gibt so vieles zu erkunden, zu erleben und natürlich auch zu genießen.

Sie merken, die Verfasserin, in Heidelberg aufgewachsen, ist mit Herz und Seele dieser Stadt zugetan. Atmen Sie tief ein, und lassen Sie sich anstecken von der Freude auf Heidelberg. Alla hopp, spazieren Sie los – und vergessen Sie nicht, sich am Ende einer jeden Tour mit der Einkehr in einer »Wärtschaft und änem Vertele« zu belohnen. Natürlich soll dies keine Aufforderung zu regelmäßigem Alkoholkonsum nach den Spaziergängen sein (Liebe Jugendliche unter 18 Jahren – Hände weg, auch unvergoren schmeckt der Traubensaft lecker!), aber wenn Sie es mit der Weisheit eines alten Heidelbergers halten – und dabei nicht übertreiben – ist dieser kulinarische Genuss nach dem Kulturellen durchaus berechtigt: »Hast vom Weißen Du genug, trinke Roten, der tut gut. Hat's beim Roten Dich erwischt, trinke Weißen, der erfrischt!« In diesem Sinne: Ein Hoch auf Heidelberger Lebenslust und Genuss!

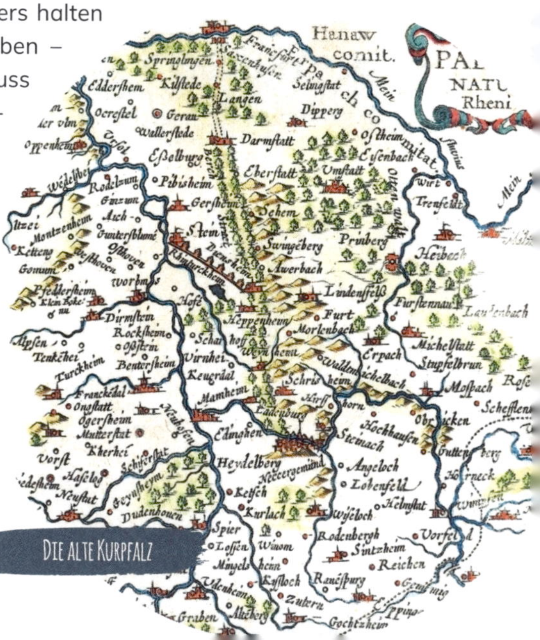

Die alte Kurpfalz

1

Der Löwenbrunnen auf dem Universitätsplatz in der Altstadt stellt nicht nur für viele Stadtführungen den Ausgangspunkt in diverse Aspekte der Heidelberger Geschichte dar. Er ist auch für die, »wo« – bitte beachten Sie das Kurpfälzer Relativpronomen – »Heidelberg zu Fuß« erkunden möchten, der Beginn des klassischen Rundgangs durch die Heidelberger Kernaltstadt.

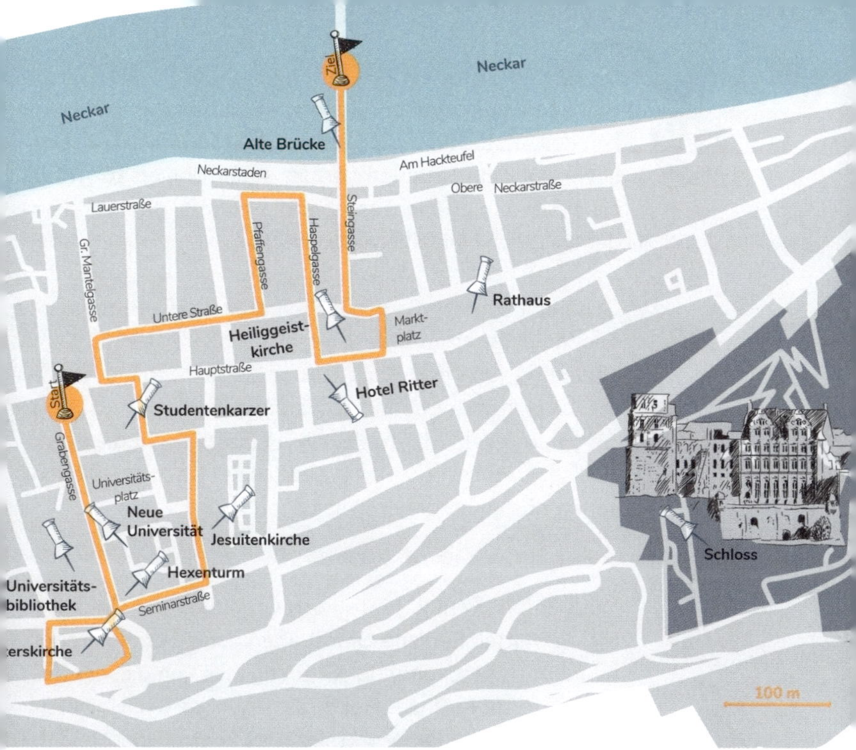

ALT HEIDELBERG, DU FEINE …

Der klassische Spaziergang durch die Altstadt

Start: Universitätsplatz **Ziel:** Alte Brücke
Dauer: ca. 1,5 Stunden **Länge:** ca. 3,5 km
Strecke: größtenteils eben, oft jedoch durch altes Kopfsteinpflaster durchzogen
Anfahrt: Buslinien 31 und 32, Haltestelle Universitätsplatz

Beginnen wir unseren Rundgang mittendrin, im Herzen der Altstadt auf dem **UNIVERSITÄTSPLATZ**. Der Löwe auf dem Brunnen vor der Alten Universität trägt bis heute stolz Reichsapfel und Schwert, die Insignien der einstigen Heidelberger Kurfürsten.

Genau hier verlief die westliche **Stadtgrenze** der mittelalterlichen Stadtbefestigung im Jahre 1386, dem Gründungsjahr der Ruperto-Carola. Sie ist die älteste Universität auf heutigem deutschen Boden, nur Prag (1348) und Wien (1365) als ihre einzigen Vorgänger im Heiligen Römischen Reich Deutscher Nation erhielten vor ihr das Gründungsprivileg.

Wo sich bis wenige Jahre nach Gründung der Universität die mittelalterliche Stadtbefestigung befand, zeugt heute noch der Name der Grabengasse von dieser ehemaligen Stadtgrenze. Heute dagegen ist der Universitätsplatz neben dem Marktplatz das Zentrum der Heidelberger Altstadt. Direkt hinter dem **LÖWENBRUNNEN** steht das Gebäude der **ALTEN UNIVERSITÄT**, erbaut von Johann Adam Breunig, einem der bekanntesten Kurpfälzer Baumeister und Architekten des beginnenden

EINGANGSPORTAL DER ALTEN UNIVERSITÄT

18. Jahrhunderts. Errichtet in den Jahren 1712 bis 1735 steht sie mit ihrer Architektur stellvertretend für den barocken Wiederaufbau Heidelbergs im 18. Jahrhundert.

Das **MUSEUM** im Erdgeschoss dokumentiert in drei Räumen die Geschichte der Universität von ihrer Gründung bis zu den aktuellen Nobelpreisträgern des 21. Jahrhunderts, Bert Sakmann, Harald zur Hausen und Stefan W. Hell.

Blickt man nun an der westlichen Fassade der Alten Universität auf die Fenster des ersten und zweiten Geschosses, erkennt man die bis zur Hälfte heruntergelassenen Jalousien der **ALTEN AULA**. 1886 wurde sie anlässlich des 500-jährigen Jubiläums der Universität ganz aus Holz im historistischen Stil gestaltet. Bis in die 1970er Jahre diente sie noch als Vorlesungssaal, wird aber heute nur noch für Festlichkeiten der Universität wie Antrittsvorlesungen, Promotionsfeiern, Konzerte usw. genutzt. Auch der Rektor hat in diesem altehrwürdigen Gebäude seinen Amtssitz.

Rechts an die Südseite der Alten Universität grenzt der Vorplatz zur **NEUEN UNIVERSITÄT**. Englischsprachige Gäste fragen oft, ob dies der Campus sei, was Gästeführer immer mit einem Schmunzeln verneinen. Ganz Heidelberg ist ein Campus! Wobei die Altstadt mit einem Fünftel ihrer Fläche von den Geistes- und Rechts-

ALTE AULA AUS DEM JAHRE 1886

DETAIL FENSTER ALTE AULA

DIE NEUE UNIVERSITÄT

Aus Spendengeldern, die ein ehemaliger amerikanischer Student, Jacob Gould Schurman, zusammengetragen hat, wurde das Hauptgebäude der Neuen Universität 1931 in einem feierlichen Akt eingeweiht. Ende des 19. Jahrhunderts hatte Schurman in Heidelberg studiert und sich in die Stadt verliebt. In den 1920er Jahren wurde er zum amerikanischen Botschafter in Berlin berufen und startete eine groß angelegte Spendenaktion für das dringend benötigte neue Hörsaalgebäude, an der sich so berühmte Persönlichkeiten wie John D. Rockefeller, William Randolph Hearst und Walter Percy Chrysler beteiligten.

Übrigens: Auf dem Universitätsplatz findet der größte der insgesamt sechs (!) Heidelberger Weihnachtsmärkte, die sich entlang der Fußgängerzone über die Hauptstraße verteilen, statt.

wissenschaften belegt ist und die Naturwissenschaften und medizinischen Einrichtungen im 19. Jahrhundert zunächst in Bergheim angesiedelt wurden. Seit den 1920er Jahren wird das Neuenheimer Feld für Kliniken und naturwissenschaftliche Institute immer weiter ausgebaut.

TIPP

Die Grabengasse wird in dem kurzen Bereich von Universitätsplatz bis Peterskirche nicht nur von Fußgängern genutzt, sondern auch von unzähligen Radfahrenden und zwei regelmäßig verkehrenden Linienbussen, daher bitte »uffbasse«!

Weiter geht es durch die Grabengasse mit der Neuen Universität zur Linken leicht aufwärts in südlicher Richtung zur Peterskirche und Universitätsbibliothek, die man beide am Ende der »Gass« schon erkennen kann.

Oben angekommen, sollte man zunächst die Straße überqueren, um vom Garten der **PETERSKIRCHE** aus den besten Blick auf die wunderschöne Fassade des historistischen Bauwerks aus dem Jahre 1905 zu erhalten.

UNIVERSITÄTSBIBLIOTHEK

Ganz oben in der Fassade der **UNIVERSITÄTSBIBLIOTHEK** erkennt man ein Relief der Pallas Athene, der griechischen Göttin der Weisheit, darunter das badische Wappen, an der unteren Seite flankiert von Masken der Komödie und Tragödie. Gleich links und rechts des Eingangs stehen Prometheus und eine unerkannte Dame, die ihren Schleier (des Wissens) lüftet, stellvertretend für Forschung und Lehre. Die beiden Gründer und Namensgeber der Universität, Kurfürst Ruprecht I. und Großherzog Karl-Friedrich von Baden, findet man als Figuren jeweils auf der linken und rechten Seite der Gebäudefassaden unter einem von Säulen symbolisch gestützten Dachvorsprung.

Ein Besuch der »UB« lohnt sich allemal: Der Windfang im Eingangsbereich überrascht mit einem wunderschönen Mosaikfußboden und im großen Raum der Ausleihe im Hochparterre erlangt man einen Blick in den grünen Innenhof und bekommt damit einen Eindruck von den Ausmaßen des

Universitätsbibliothek
Plöck 107 – 109
69117 Heidelberg
Tel.: 06221-542380
www.ub.uni-heidelberg.de
Öffnungszeiten bzw. Zutritt zu den Vitrinenausstellungen:
Mo. – So. 9 – 1 Uhr
Öffnungszeiten der Ausstellungsräume:
Mo. – So. 10 – 18 Uhr
Eintritt: Frei

Peterskirche mit Epitaphen

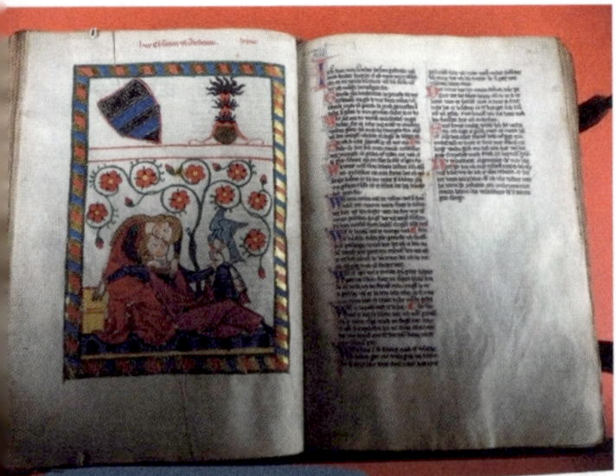

Original des Codex Manesse

Bauwerks. Über das zweiflügelige Treppenhaus gelangt man in den ersten Stock, in dem permanent ein Faksimile des **CODEX MANESSE** ausgestellt ist. In der Regel gibt es auch immer wieder wechselnde Ausstellungen mit verschiedenen Themen, die einige der Schätze der Universitätsbibliothek präsentieren.

Beim Betrachten der Mauern der Peterskirche fallen die vielen dort angebrachten Steinplatten auf. Bei ihnen handelt es sich um Epitaphe (künstlerisch gestaltete Grabplatten), die oftmals von Geschichten und Taten aus dem Leben oder vom Tod der Verstorbenen berichten.

Wenn man die Universitätsbibliothek hinter sich lässt und um die Kirche rechts herumläuft, so trifft man auf den **GEDENKSTEIN** des »ehrbaren Handelsmannes« Hans Jacob Rieter aus der Schweiz. Rieter wurde in der Postkutsche auf dem Rückweg von der Frankfurter Messe im Mai 1811 vom berüchtigten Räuberhauptmann »Hölzerlips« bei Hemsbach an der Bergstraße überfallen und erlag kurz danach seinen schweren Verletzungen.

Der Räuberhauptmann Hölzerlips Hölzerlipps und seine Mannen waren in der Heidelberger Gegend und dem nahegelegenen Odenwald das, was im Hunsrück der Schinderhannes und im Bayerischen der »Hiasl« waren: aus der Gesellschaft Ausgestoßene und dem fahrenden Volk Zugehörige – Räuber, die Angst und Schrecken verbreiteten! Als sie gefasst wurden, machte man ihnen in einem Blutgericht den Prozess und verurteilte sie ein Jahr nach der Tat zum Tode.

Von den bewegten und gefährlichen Zeiten zum Ende des 18. Jahrhunderts erzählt nicht von ungefähr Schillers Drama »Die Räuber«, welches 1782 im benachbarten Mannheim uraufgeführt wurde.

Verlassen wir den Kirchhof durch dasselbe Türchen, überqueren wiederum die Straße und biegen gleich nach rechts in die Seminarstraße ab. Als einziges Überbleibsel der alten Stadtbefestigung erhebt sich hier aus dem Komplex der Neuen Universität der sogenannte **HEXENTURM**, der im Mittelalter als Gefängnis diente. Schauen Sie jetzt schon einmal Richtung Osten bis zum Ende der Straße – bereits von hier können Sie die Ruine des Schlosses sehen!

FOTO-TIPP

Sollte das schmiedeeiserne Tor nach ca. 50 Metern auf der linken Straßenseite der Seminarstraße geöffnet sein, treten Sie ein und durchqueren den Innenhof der Neuen Universität mit Blick auf die Rückseite des Hexenturms. Am Ende einer Treppe verlassen Sie den Hof wieder und biegen am **MARSILIUSPLATZ** rechts in die Schulstraße ab, um gleich wieder links am Richard-Hauser-Platz vor der Jesuitenkirche zu stehen.

Leider ist das Tor nicht immer offen – laufen Sie in diesem Fall die Seminarstraße noch ein kleines Stück weiter, bis Sie linker Hand auf die Schulstraße stoßen. Mit-

GEDENKSTEIN FÜR HANS JACOB RIETER AUS DER SCHWEIZ

Jesuitenkirche im Abendlicht

ten im **JESUITENVIERTEL** des 18. Jahrhunderts sieht man auf der rechten Seite das **CAROLINUM**, heute eines der Verwaltungsgebäude der Universität, und auf der Ecke zur Schulstraße, in die wir einbiegen, das **ROMANISCHE SEMINAR** der Uni.

Im angrenzenden **ROMANISCHEN KELLER** befindet sich das **THEATER** der Universität Heidelberg. Der Kabarettist Dr. Eckart von Hirschhausen machte dort seine ersten Bühnenerfahrungen, von denen er bei seinen regelmäßigen Auftritten in Heidelberg immer gerne berichtet.

Auch hier biegt man links in die Schulstraße ab, an deren Ende sich der Richard-Hauser-Platz vor der **JESUITENKIRCHE** befindet.

Heiliggeistkirche Bereits nach dem Tod des letzten protestantischen Kurfürsten im Jahre 1685 erbte der katholische Wittelsbacher Philipp Wilhelm aus Düsseldorf den Heidelberger Thron. Aber erst nach der Zerstörung Heidelbergs durch die Franzosen im Jahre 1693 und im barocken Wiederaufbau holte Kurfürst »Jan Wellem« die Jesuiten zu Hilfe, um die Rekatholisierung der Kurpfalz zu unterstützen und voranzutreiben. Die Streitigkeiten zwischen dem katholischen Kurfürsten und seinen protestantischen Untertanen über die Nutzung der Heiliggeistkirche führten bereits 1706 dazu, dass in der Heiliggeistkirche, der damaligen Haupt- und Stiftungskirche der Universität, eine Scheidewand zwischen Chor und Langhaus gezogen wurde. 1720 hatte sein Nachfolger Karl Philipp von den renitenten Heidelbergern endgültig die Nase voll und verlegte die Residenz nach Mannheim.

Erbaut wurde die Jesuitenkirche zwischen den Jahren 1712 und 1759, zunächst von Johann Adam Breunig, dem bekannten barocken Baumeister, vollendet jedoch in den letzten zehn Jahren von Franz Wilhelm Rabaliatti unter Kurfürst Karl Theodor.

SEHENSWERT

Mit der Jesuitenkirche im Rücken biegt man nun nach links in die Merianstraße Richtung Universitätsplatz ab und gleich darauf wieder nach rechts in die Augustinergasse.

Schauen Sie jedoch davor noch einmal auf die im Boden eingelassene **PLAKETTE** unter den Linden auf dem Universitätsplatz: Sie erinnert an den Aufenthalt Martin Luthers in Heidelberg im Jahre 1518, ein halbes Jahr, nachdem er seine Thesen in Wittenberg veröffentlicht

LUTHERPLAKETTE AUF DEM UNIPLATZ

hatte. An der Stelle des heutigen Universitätsplatzes befand sich zur damaligen Zeit das Augustinerkloster.

Zurück zur Augustinergasse. Ein Schild mit »beflügeltem Engel« weist auf den Eingang zu einer Heidelberger Besonderheit: dem **STUDENTENKARZER**. In den zweiten Stock, in dem sich der Karzer befindet, gelangt man durch ein Treppenhaus mit ausgetretenen Stufen. Hier läuft man vorbei an der Wohnung des Pedells zu den fünf »Zellen«, in denen Studierende bis 1914 ihre Haftstrafe absitzen mussten.

KURIOS

DER STUDENTENKARZER

Eine Strafe war es meistens nicht, denn wer in Heidelberg studierte, »musste« mindestens einmal im Karzer gesessen haben. Die Gründe dafür waren vielfältig wie zum Beispiel »heftige Sauferei«, unbekleidetes Schwimmen im Neckar, »die Sau rauslassen« oder das Fechten von Mensuren, welches übrigens bis 1953 tatsächlich per Gesetz verboten blieb. Die Dauer des Aufenthalts betrug je nach Schwere des Vergehens wenige Tage bis zu vier Wochen, während derer die Studierenden jedoch weiterhin an ihren Vorlesungen teilnehmen mussten. Dokumentiert wurde dieses Ereignis mit Farbe und Kerzenruß an den Wänden der Zellen, und so fühlt man sich heute unversehens in eine scheinbar heile, sorglose Welt der Jugendstreiche zurückversetzt. Der Beginn des Ersten Weltkrieges jedoch bereitete dem unbeschwerten Studentenleben ein jähes Ende, und der Karzer wurde 1914 geschlossen.

Vom Karzer aus geht es weiter Richtung Hauptstraße, an deren Ecke zur Augustinergasse man links abbiegt. Nach ungefähr 20 Metern biegt man nach rechts zum Heu-

Guter Grund, in den Karzer zu fliegen …

Die Sonne scheint ins »Palais Royal«

markt und zur Unteren Straße ab und bewegt sich damit wieder auf der mittelalterlichen Westgrenze der Stadt. Achten Sie mal darauf: Es geht merklich bergab … Die Untere Straße und die Hauptstraße waren die einzigen zwei Straßen im mittelalterlichen Heidelberg, die in westöstlicher Richtung verliefen.

Die Stadt, die im 12. Jahrhundert angelegt wurde, gleicht vom Grundriss her den Formen einer Leiter, bei der die Sprossen die von Nord nach Süd verlaufenden Gassen sind. Einzige Ausnahme bildet die Dreikönigstraße, die bis 1832 Judengasse hieß. Nach dem Hambacher Fest wurde sie im gleichen Jahr auf Betreiben der Anwohner nach dem damals auf der Hauptstraße befindlichen Hotel »Zu den drei Königen« umbenannt.

Schlendern Sie gemütlich durch diese Straße, kaum anderswo findet man so viele Kneipen wie hier. Einige davon sind schon beinahe selbst ein Stück Heidelberger Geschichte: der **MOHR!**, die

Studentenkarzer, Universitätsmuseum und Alte Aula
Augustinergasse 2 / Grabengasse 1
69117 Heidelberg
Tel.: 06221-543554
Öffnungszeiten: Apr. – Okt. Di. – So. 10 – 18 Uhr, Nov. – März Di. – Sa. 10 – 16 Uhr, Mo. geschlossen
Eintritt: Kombiticket für Studentenkarzer, Alte Aula und Universitätsmuseum, Erwachsene: 4 €, Ermäßigte: 3 €

Eine der vielen Kneipen in der Unteren Straße

> **TIPP**
>
> Die Untere Straße sollten Sie unbedingt auch einmal nach Einbruch der Dunkelheit besuchen: Als Nachtschwärmer lernen Sie Heidelberg hier von seiner Partyseite kennen. Das ist auch durchaus noch mit »Ü50« ein Vergnügen und keineswegs »dene junge Leit« vorbehalten.

DESTILLE und die **SONDERBAR**, über der übrigens das meistfotografierte Schild der Heidelberger Altstadt hängt: »Betreutes Trinken!« Ihr schräg gegenüber liegt auf der Ecke zum Küchengäßchen die Galerie **GRÜNER ENGEL**, die damit wirbt, die weltgrößte Sammlung an Absinth auf Lager zu haben.

Weiter geht es vorbei am **POP** und dem **WEINLOCH**, einer Heidelberger Institution, über die Dreikönigstraße mit der **OSTERIA ALFREDO** am Eck. Blickt man von hier die Straße hinunter zum Neckar, erkennt man nach einigen Metern auf der rechten Seite an der Hauswand über dem Portal hängende »Pferdeköpfe«. Keine Angst – hier verbirgt sich nicht etwa eine Pferdeschlachterei. Vielmehr zieren diese Pferdeköpfe die Fassade eines **EHEMALIGEN PFERDESTALLS** und Droschkenbetriebes aus dem frühen 19. Jahrhundert.

Geschichte

Die nächste von der Unteren Straße abbiegende Gasse ist die Pfaffengasse, durch die die Strecke wiederum abschüssig weiter verläuft. Gleich auf der linken Seite steht meist ein Schild vor dem Torbogen, welches auf

Das Weinloch

die hier ansässige Einrichtung verweist: die **REICHSPRÄSIDENT-FRIEDRICH-EBERT-GEDENKSTÄTTE**. Wir treten ein und lassen uns entführen in die Zeit der Reichsgründung um das Jahr 1871, dem Geburtsjahr Friedrich Eberts. Über eine Holzstiege im Hof erreicht man die 45 Quadratmeter große Wohnung, in der der erste demokratisch gewählte deutsche Reichspräsident das Licht der Welt erblickte und bis nach Abschluss seiner Lehre zum Sattlergesellen mit Eltern und fünf Geschwistern lebte.

Reichspräsident-Friedrich-Ebert-Gedenkstätte
Pfaffengasse 18
69117 Heidelberg
Tel.: 06221-91070
www.ebert-gedenkstaette.de
Öffnungszeiten: Di. – So. 10 – 18 Uhr, Do. bis 20 Uhr, Mo. geschlossen
Eintritt: Kostenlose Führungen nach telefonischer Voranmeldung!

Beim Betreten des Wohnzimmers zieht man ob der niedrigen Decke unwillkürlich den Kopf ein. Um Wohnraum in der beengten Heidelberger Altstadt zu schaffen, zog man zur damaligen Zeit Zwischendecken in die hohen barocken Räume ein, und vermietet wurde nicht nach Quadrat-, sondern nach Kubikmetern!

Liebevoll von den Kuratoren mit Mobiliar aus dieser Zeit eingerichtet, findet man hier als einziges Originalstück aus dem Besitz Friedrich Eberts einen seiner Anzüge.

Nach dem Verlassen der Gedenkstätte läuft man die Pfaffengasse links hinunter bis kurz vor den Neckarstaden. Hier bleiben wir an der Straßenecke stehen. Fällt Ihnen etwas auf? Wenn man die Häuserwand zu unserer Linken hinaufschaut, erkennt man neben einem Krebs die Markierung des höchsten Hochwassers, das die Stadt jemals heimgesucht hat. 1784 trat der Neckar – der Name stammt aus dem Keltischen und bedeutet »Wilder Geselle« – bis auf 9,40 Meter über seine Ufer und machte damit seinem Namen alle Ehre. Der heutige Universitätsplatz stand damals 1,5 Meter unter Wasser. Von hier aus hat man auch einen wunder-

TIPP

Sie sollten sich in jedem Fall nicht nur Zeit für den Besuch der Wohnung, sondern unbedingt auch für die ganze Reichspräsident-Friedrich-Ebert-Gedenkstätte nehmen!

Die Alte Brücke aus westlicher Richtung

schönen Blick auf das gegenüberliegende **NECKAR-UFER** und die **ALTE BRÜCKE**.

Biegt man nun am Ende der Pfaffengasse nach rechts, sieht man gleich am nächsten Wohnhaus eine zum Gedenken an den Aufenthalt Gottfried Kellers (»Kleider machen Leute«) angebrachte **PLAKETTE**.

LITERATUR

Gottfried Keller in Heidelberg Der aus der Schweiz stammende Keller verbrachte das Wintersemester 1849/50 in Heidelberg und verliebte sich hier unsterblich in Johanna Kapp, Tochter des Gelehrten Christian Kapp. Die schöne Johanna wohnte auf der anderen Neckarseite, und Keller sah sie jeden Tag über die Brücke laufen. Unglücklicherweise gehörte ihr Herz jedoch einem anderen, und so setzte er ihr mit eigenem gebrochenen Herzen mit dem Gedicht »Schöne Brücke, hast mich oft getragen, wenn mein Herz erwartungsvoll geschlagen ...« ein literarisches Denkmal!

Das süßeste Heidelberg-Souvenir: der Studentenkuss!

Gleich an der nächsten Straßenecke zur Haspelgasse biegen wir wieder nach rechts ab. Im Mittelalter befand sich an dieser Stelle ein sogenannter »Haspel«, eine Art Drehkreuz – blieb wer hängen, hatte er sich »verhaspelt«.

Nun geht es die Haspelgasse in südlicher Richtung leicht bergan, vorbei am historischen Studentenlokal **SCHNOOKELOCH**, in dessen Schankraum an der Wand geschrieben steht: »Mindschtens ämol in der Woch' g'hört der Mensch ins Schnookeloch!« Ein guter Tipp für später ...

Einkehr-Tipp

Vorbei am **HAUS CAJETH** mit seinem beeindruckenden Museum für primitive Kunst und Hassbeckers wunderschöner **GALERIE** und **BUCHHANDLUNG** geht man zunächst weiter bis zum **STUDENTENKUSS-HAUS**. Bevor man nun von hier die Tour weiter fortsetzt, sollte man unbedingt kurz hineingehen und einen Heidelberger Studentenkuss »to go« kaufen.

Seit 1863 wird dieses süße Heidelberg Souvenir genau hier immer noch dem alten Rezept hergestellt. Nach wenigen Metern hat man den **FISCHMARKT** unterhalb der **HEILIGGEISTKIRCHE** erreicht. Von der rechten Seite mündet die Untere Straße auf diesen Platz, schräg links liegt auf der Höhe der Heiliggeistkirche deren westliches Eingangsportal.

Emporen im Langhaus der Heiliggeistkirche

SEHENSWERT

DIE HEILIGGEISTKIRCHE

Die Kirche ist die größte dreischiffige gotische Hallenkirche zwischen Frankfurt am Main und Straßburg. Bereits im 13. Jahrhundert wurde hier ein dem Heiligen Geist geweihtes Gotteshaus erwähnt, aber erst 1398 wurde unter Kurfürst Ruprecht III., dem späteren König Ruprecht I., mit dem Bau einer gotischen Kirche begonnen. Heidelberg war zu dieser Zeit alleinige kurpfälzische Residenz geworden. Die neue Kirche sollte somit auch der Grablege eines Königs und späterer Kurfürsten würdig sein. Nach über 100 Jahren wurde die Kirche um 1515 vollendet.

Besonders hervorzuheben sind die Emporen, die sich über beide Seiten des Langhauses erheben. Beginnend mit der Bibliothek Kurfürst Ludwigs III. im 15. Jahrhundert wurden hier beinahe 200 Jahre lang unvorstellbare Schätze an Schriften und Büchern zur weltberühmten »Bibliotheca Palatina« zusammengetragen, deren Großteil der Sammelleidenschaft des bibliophilen Kurfürsten Ottheinrich zuzuschreiben ist. Mit seinem Amtsantritt im Jahre 1556 führte er die Reformation ein, Klöster wurden geplündert, die »Palatina« wuchs. Spätestens ab diesem Zeitpunkt den Päpsten ein Dorn im Auge, war sie eine willkommene Kriegsbeute, als die katholischen Truppen unter General Johann t'Serclaes Graf von Tilly 1622 im Dreißigjährigen Krieg die »Palatina« auf Geheiß des bayerischen Herzogs Maximilian nach München entführten. Von dort wurde sie über die Alpen nach Rom transportiert und lagert bis zum heutigen Tag zum größten Teil im Vatikanischen Geheimarchiv.

DIE FRISCH RENOVIERTE FASSADE DES HOTELS »ZUM RITTER ST. GEORG«

Nehmen Sie sich die Zeit für einen Besuch dieser außergewöhnlichen Kirche. Setzen Sie sich und lassen sich vom Farbenspiel der aus drei Jahrhunderten stammenden Fenster verzaubern. Beim Verlassen der Heiliggeistkirche wendet man sich nach links und steht praktisch gleich vor der nächsten Sehenswürdigkeit: dem **»RITTER«**.

Das heutige Hotel »Zum Ritter St. Georg« wurde im Jahre 1592 von dem französischen Wallonen Charles Belier erbaut. Zwanzig Jahre zuvor war er als Glaubensflüchtling ins calvinistische Heidelberg gekommen und als fleißiger, gottesfürchtiger Mann so wohlhabend geworden, dass er sich dieses Stadtpalais – im Vergleich zu den üblichen Fachwerkhäusern – ganz aus Stein erbauen lassen konnte. Ein wortwörtlich steinreicher Mann. Auf der 22 Meter hohen Fassade hat er nicht nur seinen tiefen Glauben in goldenen Lettern »Soli Deo Gloria – Gott allein die Ehre«,

Heiliggeistkirche
Hauptstr. 189
69117 Heidelberg
Tel.: 06221-21117
Öffnungszeiten: Mitte März – Ende Okt., Mo. – Sa. 11 – 17 Uhr, So. und Feiertage 12.30 – 17 Uhr, Nov. – Mitte März, Fr. – Sa. 11 – 15 Uhr, So. und Feiertage 12.30 – 15 Uhr
Turmbesichtigungen sind während dieser Öffnungszeiten möglich
Eintritt Turmbesichtigung: Erwachsene: 1,50 €, Gruppen ab 5 Personen: je 0,70 €

TIPP

Die Manfred-Lautenschläger-Stiftung ermöglichte die Digitalisierung und virtuelle Zusammenführung der deutschsprachigen und lateinischen Palatina-Handschriften – schauen Sie doch mal hinein und blättern Sie virtuell in diesem einmaligen Bücherschatz http://digi.ub.uni-heidelberg.de/de/bpd/index.html

Souvenirstände Heiliggeistkirche

sondern auch wenig bescheiden sich selbst und die holde Gattin verewigt, und das über der Abbildung des Landesherrn Johann Casimir von der Pfalz und dessen Gemahlin Elisabeth von Sachsen, die die Glaubensflüchtlinge hier aufgenommen haben. Direkt oberhalb des Einganges findet man das Relief eines Widders – die deutsche Übersetzung seines Namens.

Der »Ritter« hat alle Zerstörungen, auch die der Jahre 1689 und 1693, überlebt und ist damit das älteste Renaissancegebäude in Heidelberg, dessen Altstadt zwar ein mittelalterliches Gefüge, jedoch ein sonst barockes Gesicht hat.

Vor dem »Ritter« stehend, mit Blick auf die Fassade, setzen wir den Rundgang nach links gerichtet weiter fort. Schlendern Sie gemütlich an den Souvenirbuden der Heiliggeistkirche vorbei und scheuen Sie sich nicht, auch ein Stück herrlichen Kitsch zu erwerben, wenn es denn Ihr Herz erfreut! Natürlich bestand das Sortiment dieser Lädchen nicht immer aus Andenken, sondern hat sich genau wie die Zeiten, die sie überdauert haben, gewandelt. Im Mittelalter und der Neuzeit reichte das Angebot von Haushaltswaren wie Kerzen, Bürsten und Besen über Brezeln bis hin zu Ablassbriefen.

Direkt vor Ihnen tut sich nun zwischen Heiliggeistkirche und dem **RATHAUS** der **MARKTPLATZ** auf, in dessen Mitte der **HERKULESBRUNNEN** prangt. Einen Wochenmarkt so wie früher gibt es seit ein paar Jahren leider nicht mehr, samstags jedoch stehen an dieser Stelle in der Saison meist einige wenige Verkaufsstände mit zum Beispiel frischem Fisch, Suppen und – wenn Sie Glück haben – der **BRATWURSTSTAND VON HORST KRÄHER** mit der besten Feuerwurst aller Zeiten.

Einkehr-Tipp

Umrundet man nun die Heiliggeistkirche gegen den Uhrzeigersinn, vorbei an unzähligen Cafés, Bars und kleinen Restaurants mit ihren Tischen auf dem Marktplatz, kommt man unterhalb der Heiliggeistkirche wieder auf dem Fischmarkt an. Die Gasse zur Rechten, die zum Neckar hinunterführt, ist die **STEINGASSE**. Als wichtige Zufahrt von und zur Brücke erhielt sie als eine der ersten Gassen ein Steinpflaster und vermutlich damit auch ihren Namen.

Tortürme der Alten Brücke

Wer aus nördlicher Richtung über den Neckar nach Heidelberg reiste, war wahrscheinlich müde, hungrig und durstig. Und so kommt es, dass man bis zum heutigen Tag in der Steingasse, verglichen mit ihrer Länge und anderen Heidelberger Straßen und Gassen, die größte Dichte an Lokalitäten findet.

FOTO-TIPP

Sobald man am Ende angekommen ist – hier weiß man nie, wie lange es dauert – erhebt sich vor einem das **BRÜCKENTOR**, einstmals Zollstation, deren Räumlichkeiten zwischen den beiden Türmen auch schon als Gefängnis und Wohnung dienten.

Die Alte Brücke zu Heidelberg trägt ausgeschrieben und korrekt den Namen ihres Bauherren: **KARL-THEODOR-BRÜCKE** (den aber kein Mensch benutzt!). Unter dem letzten Wittelsbacher Kurfürsten entstand diese neunte Neckarbrücke im Jahre 1788, nachdem die letzte noch hölzerne Vorgängerbrücke vier Jahre zuvor bei dem verheerenden Neckarhochwasser zerstört wurde. Im 19. und 20. Jahrhundert kamen dann die heutige **THEODOR-HEUSS-BRÜCKE** und die **ERNST-WALTZ-BRÜCKE** als zweite und dritte Neckarquerung hinzu. Um die Brücken zu unterscheiden, sprachen die Heidelberger fortan von der »Alten Brücke«, die mit die-

Blick von der Alten Brücke nach Westen

ser Bezeichnung weltberühmt geworden ist. Wenn wir nun unter dem Brückentor hindurchgehen, treffen wir gleich auf der linken Seite das Standbild Karl-Theodors umrahmt von den vier Flussgöttern, die allegorisch durch sein Reich fließen: Rhein, Donau, Mosel und Neckar.

Nach ungefähr 50 Metern haben wir den höchsten Punkt der Brücke erreicht. Der Blick in die östliche Richtung flussaufwärts reicht bis zu den Wiesen von **STIFT NEUBURG**, einer Benediktinerabtei aus dem 12. Jahrhundert am nördlichen Neckarufer. Auf der südlichen Seite erhebt sich das **SCHLOSS**, das für über 400 Jahre Residenz der Heidelberger Kurfürsten war.

Nun steht man hier oben, je nach Tageszeit umgeben von Touristen aus aller Herren Länder. Und vielleicht hört man zum Abschluss dieser Altstadtwanderung mit Blick auf den Neckar Richtung Sonnenuntergang das berühmte Lied von Fred Raymond und Fritz Löhner-Beda, das schon 1925 ein Hit wurde, gespielt von einem Straßenmusikanten: »Ich hab' mein Herz in Heidelberg verloren, in einer lauen Sommernacht. Ich war verliebt bis über beide Ohren, und wie ein Röslein hat ihr Mund gelacht.«

Jetzt haben Sie sich die Einkehr in einem der typischen Lokale redlich »erwandert«. »Fröhlich Pfalz, Gott erhalt's!« (Karl Gottfried Nadler).

Auch in Heidelberg gibt es sie – die Liebesschlösser, deren Schlüssel auf dem Grund des Neckars liegen

2

MIT DEM ROLLI DURCH DIE ALTSTADT BIS ZUR MOLKENKUR

Eines muss man vorausschicken: die Heidelberger Busse und Bahnen sind auf Rollstuhlfahrende eingestellt, daher ist die Anreise mit den Öffentlichen eine recht einfache, und man kann sich getrost an den Anfahrtsinformationen der Einkaufsverführung und des klassischen Altstadtspazierganges orientieren.

Viele Rollifahrende reisen jedoch gerne mit dem eigenen Auto und können bei dieser Tour durch die Altstadt an verschiedenen Punkten parken bzw. einfach in die Route einsteigen.

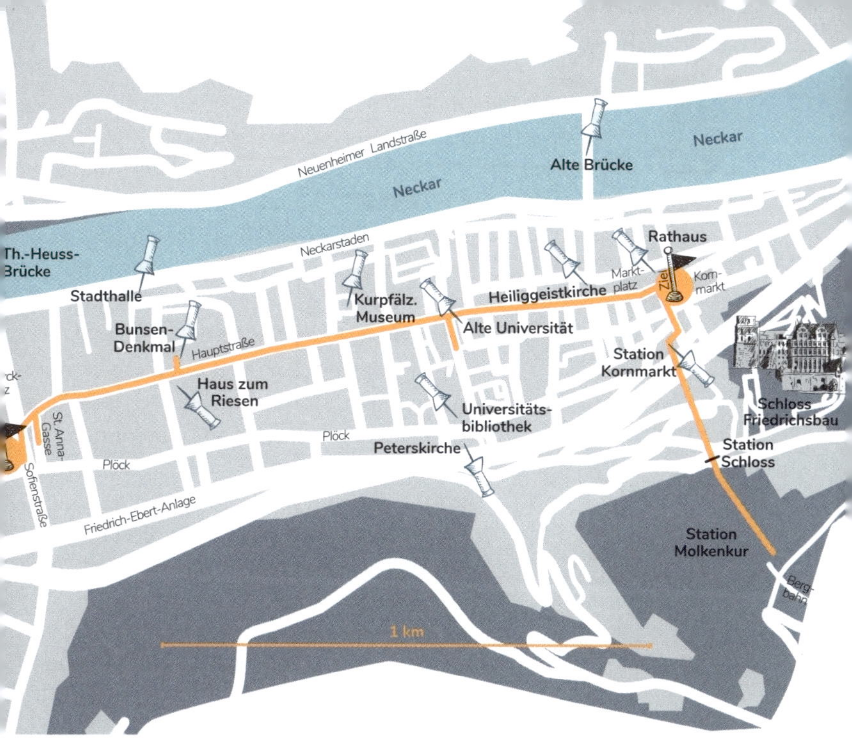

. für Heidelberger und Neigeblaggde«, ie net so gut zu Fuß sinn

Start: Bismarckplatz **Ziel:** Kornmarkt
Dauer: ab 1,5 Stunden – ganz nach Belieben kürzer oder länger
Länge: ca. 1,5 km
Strecke: größtenteils eben; meist kleines, im hinteren Altstadtteil grobes Kopfsteinpflaster besonders in den Seitengassen
Anfahrt: mit allen Bussen und Bahnen an den Bismarckplatz
Bergbahn: mit Rolli nutzbar
Internet: www.heidelberg.huerdenlos.de

Wir starten am Anfang der Hauptstraße. Entweder Sie reisen öffentlich an oder parken vor dem Kaufhof. Zunächst geht es über die Sofienstraße an der Ampel an der **HOF-APOTHEKE** Richtung Osten. Die Heidelberger **HAUPTSTRASSE** ist die längste Fußgängerzone Deutschlands, durch die bis 1978 zweigleisig die Straßenbahn fuhr, Autoverkehr sich quälte und Fußgänger versuchten, von beiden nicht erlegt zu werden. An den Pflasterfarben der Hauptstraße kann man noch den Schienenverlauf erahnen.

Ihnen wird auffallen, dass, so eben die Straße auch aussieht, der Rollstuhl unweigerlich in die Mitte zieht. Es bedarf eines starken linken Arms, wenn man sich dem Fluss der Fußgänger anpassen möchte. Geschuldet ist dies dem Untergrund, auf dem die Schienen damals leicht erhöht verlegt waren.

Wenn Sie Lust haben, biegen Sie gleich nach rechts in die St.-Anna-Gasse ein. Es ist vielleicht noch etwas früh für die erste Pause, aber, wenn es Ihnen nach feinsten italienischen Pralinen, Kaffee oder Eis gelüstet,

TIPP

Auswahl an barrierefreien Parkmöglichkeiten in der Altstadt:

- vor der Galeria Kaufhof/Sofienstraße
- beim Juristischen Seminar/Friedrich-Ebert-Anlage
- vor der Volksbank Kurpfalz/Akademiestraße
- Ecke Heiliggeiststraße/Mönchsgasse
- vor der Stadthalle/Jubiläumsplatz/Neckarstaden
- an der Unibibliothek/Grabengasse
- vor der Alten Brücke/Neckarstaden
- am Schloss Heidelberg

ROLLIPARKPLÄTZE AM BISMARCKPLATZ

sind Sie in der **CHOCOLATERIE ST. ANNA** bei Guiseppina Ehmann genau richtig. Im Sommer kann man an kleinen Minitischchen schön vor dem Haus sitzen, leider ist der Laden nur über zwei Stufen zu erreichen. Das freundliche Personal bringt jedoch jeden Wunsch nach draußen.

Zurück auf der Hauptstraße erreichen wir nach ungefähr 80 Metern auf der rechten Seite die **BUCHHANDLUNG SCHMITT & HAHN**, in deren heutigen Räumen sich im 19. Jahrhundert das Henkerhaus befand. Franz Wilhelm Widmann, dessen Amt des Scharfrichters der Stadt in der Familie bis 1865 erblich war, hatte 1812 nicht nur vier Mitglieder der berühmt berüchtigten Hölzerlipps-Bande geköpft, sondern 1820 auch Karl Ludwig Sand, den Mörder August Kotzebues.

TIPP

Fahren Sie hinein – alles ist barrierefrei erreichbar. In den ersten Stock zur Reiseliteratur führt ein gläserner Fahrstuhl.

Weiter geht es rechterhand die Hauptstraße entlang. In diesem gesamten vorderen Bereich der Altstadt stellt das Kopfsteinpflaster noch kein großes Hindernis dar. In der Akademiestraße auf der rechten Seite gegenüber der Volksbank Kurpfalz gibt es wieder drei ausgewiesene Parkplätze. Ca. 50 Meter weiter die Hauptstraße entlang liegt auf der linken Straßenseite der **ANATOMIEGARTEN** mit einer überlebensgroßen **BRONZE-**

CHOCOLATERIE ST. ANNA NO. 1

BUCHHANDLUNG SCHMITT & HAHN – BARRIEREFREI

STATUE des Chemikers Robert Bunsen. Bunsen hatte 44 Jahre in Heidelberg gelebt, gewirkt und geforscht und war aufgrund seiner offenen und leutseligen Art bei den Heidelberger Bürgern sehr beliebt. Dieser Tatsache ist es auch zu verdanken, dass das Denkmal immer noch steht und in zwei Weltkriegen nicht zu Kanonen umgeschmolzen wurde. Das große Gebäude hinter Bunsens Rücken ist der 1863 errichtete **FRIEDRICHSBAU**, benannt nach dem damaligen Großherzog von Baden, Friedrich I, der heute das **PSYCHOLOGISCHE INSTITUT** der Universität beheimatet. Das **ANATOMISCHE INSTITUT** der Universität, das dem Vorplatz mit dem Denkmal Robert Bunsens seinen Namen gegeben hat, befand sich auf diesem Grund der alten Dominikanerkirche, dessen Räume teilweise als Sektionsaal und Leichenkammer genutzt wurden. Erst Anfang der 1970er Jahre zog die Anatomie ins Neuenheimer Feld, und der ganze Friedrichsbau wurde von den Psychologen übernommen.

Selbstredend kennt so gut wie jeder den Namen Robert Bunsens und assoziiert diesen mit ersten Geh- bzw. Kokelversuchen im Chemieunterricht oder dem Erwärmen einer leckeren Dosenmahlzeit während einer Konfirmandenfreizeit. So auch viele englischsprachige Gäste – diese aber reden vom »Bansenbörner«.

Dem Anatomiegarten direkt gegenüber liegt das 1707 errichtete barocke Stadtpalais, das **HAUS ZUM RIESEN**, heute Sitz des **INSTITUTS FÜR ÜBERSETZEN UND DOLMETSCHEN** der Universität.

Rendezvous mit Professor Bunsen am Anatomiegarten

Das »Haus zum Riesen«

Das Haus zum Riesen Seinen Namen hat es von der großen Statue des Erbauers, Generalleutnant Eberhard Friedrich von Venningen, oberhalb des Balkons über dem Eingang. Baumeister war Johann Adam Breunig, der in Heidelberg im barocken Wiederaufbau des 18. Jahrhunderts ebenfalls das Jesuitenkolleg und die Alte Universität schuf. Kurfürst Johann Wilhelm gestattete es dem Bauherrn, Steine des Dicken Turmes aus der Ruine des Heidelberger Schlosses für sein Palais zu verwenden. Seit Mitte des 19. Jahrhunderts gehört das Anwesen der Universität und beherbergte seither diverse Institute, so auch einen Teil des Chemischen und Physikalischen, in dem Robert Bunsen gemeinsam mit Gustav Kirchhoff die Spektralanalyse erforschte, woran eine Tafel an der rechten äußeren Seite der Fassade erinnert.

Vom Anatomiegarten geht es weiter im Verlauf der Hauptstraße. Nach 80 Metern halten wir kurz inne: am Haus auf der linken Seite mit der Nummer 59 erinnert eine Tafel an den Aufenthalt eines jungen Studenten in den Jahren 1807 und 1808. Joseph Freiherr von Eichendorff kam in Begleitung seines Bruders Wilhelm im Frühjahr 1807 nach Heidelberg, um bei Anton Friedrich Justus Thibaut und Joseph Görres juristische Vorlesungen zu hören, wurde aber schon bald vom Zauber der hier herrschenden Heidelberger Romantik umfangen. Bereits kurz nach seiner Ankunft verliebte er sich in Katharina Barbara Förster, eine aus Rohrbach stammende Küferstochter, die im Haushalt ihres Bruders, der nämlich just in der Hauptstraße 59 eine Bäckerei führte, aushalf. Und genau dort hatten sich die Eichendorffbrüder einquartiert. Es muss eine wunderschöne junge Liebe gewesen sein, die jedoch jäh endete – die entsprechenden Seiten aus Eichendorffs Tagebuch, in der er Katharina nur als »K« bezeichnet, wurden herausgerissen. Er verließ Heidelberg und heiratete 1815 »standesgemäß«. Katharina hat nie geheiratet, verstarb 1837 im heutigen »Schnookeloch« in der Haspelgasse und fand ihre letzte Ruhestätte auf dem Friedhof der Peterskirche.

Nach so viel Herz und Schmerz machen wir uns auf und fahren weiter dem Verlauf der Hauptstraße folgend.

An der nächsten Kreuzung haben Sie wieder die Wahl nach rechts einen kleinen Schlenker in die **MÄRZGASSE** mit ihren vielen kleinen Gastronomiebetrieben zu machen oder einen Blick auf das schwierige Kopfsteinpflaster der **ZIEGELGASSE** zu werfen – das lassen Sie aus!

An der nächsten Straßenecke zur Karpfengasse auf der linken Seite halten wir nochmals an und schauen nach oben. Hier steht das steinerne **STANDBILD** des in Heidelberg so bekannten Hofnarren und Zwerges Perkeo, der tatsächlich nur 1,10 m an Körpergröße gemessen haben soll. Weitaus größer war seine Trinkfestigkeit, und es heißt, er habe seit seiner Kindheit ausschließlich Wein konsumiert. Gestorben soll er sein, als man ihm riet, etwas weniger Wein, sondern besser Wasser zu trinken, was er tat und einen Tag später nicht mehr unter den Lebenden weilte. Andere behaupten, er sei vergiftet worden, in Säure aufgelöst und dann entsorgt worden sein. Dieser Vorstellung möchte man besser nicht nachgehen …

> **»Das war der Zwerg Perkeo**
> **Im Heidelberger Schloß,**
> **An Wuchse klein und winzig,**
> **An Durste riesengroß.**
> **Man schalt ihn einen Narren,**
> **Er dachte: ›Liebe Leut,**
> **Wärt ihr wie ich doch alle**
> **Feuchtfröhlich und gescheut!‹«**
>
> So verewigte Joseph Victor von Scheffel ihn bereits 1846 in einem Gedicht.

Der Zwerg Perkeo Seinen Namen bekam er, der der ursprünglich Clemens hieß, daher, dass er immer, wenn er einen Becher Wein angeboten bekam, antwortete: »Perchè no?« Was die Heidelberger nicht verstanden und ihn so Perkeo tauften. Unter Kurfürst Karl Philipp kam er aus dem südtirolischen Salurn wahrscheinlich 1718 nach Heidelberg und beeindruckte hier nicht nur mit besagter Trinkfestigkeit sondern auch durch seine Schlagfertigkeit. Heute tragen seinen Namen nicht nur das Hotel und

Restaurant, die sich in diesem Hause befinden, sondern auch die Perkeo-Gesellschaft Heidelberg, eine 1907 gegründete Karnevalsgesellschaft, DIE Heidelberger Karnevalsgesellschaft schlechthin.

Nun ist es wirklich Zeit für eine kleine Pause, die sich ganz hervorragend nach weiteren 40 m auf der rechten Seite in Gestalt des **SCHMELZPUNKTS** anbietet.

EINKEHR-TIPP

Allerfeinste außergewöhnliche Eissorten, Waffeln, Pralinen, Kaffee und Schokolade gibt es im Sommer auf der Straße und bei kälterem Wetter im schönen Innenraum. Auch gibt es hier eine barrierefrei zugängliche Toilette.

Frisch gestärkt geht es weiter auf der Hauptstraße bis zum **UNIVERSITÄTSPLATZ**, wo auch der klassische Altstadtspaziergang beginnt, der allerdings einige denkmalgeschützte Barrieren aufweist...

Wenn es Sie jedoch gleich weiter gen Osten zieht, folgen Sie der Hauptstraße bis zum **MARKTPLATZ**. Diesen lassen wir jedoch linkerhand liegen und fahren

PERKEO IN DER HAUPTSTRASSE

EISPARADIES »SCHMELZPUNKT«

rechts am Rathaus vorbei bis zum Ende der Fußgängerzone. Der **KORNMARKT** selber ist »mittelalterlich« gepflastert und könnte je nach Beschaffenheit des Rollstuhls eine Herausforderung darstellen. Der Gehweg am Ende der Hauptstraße ist jedoch abgesenkt, sodass man den Fußgängerbereich problemlos verlassen und auf der Seite bei der Volksbank Kurpfalz auf der ebenfalls abgesenkten Ecke den Weg wieder befahren kann. Hier geht es nun Richtung **TALSTATION DER BERGBAHN**, die man gleich nach wenigen Metern vor sich liegen sieht. Die Einfahrt für Rollifahrende befindet sich am rechten hinteren Ende.

Beim Kaufen des Bergbahn- bzw. Schlosstickets erhält man eine zusätzliche Karte, mit der sich der breitere Durchgang auf der linken Seite passieren lässt.

Den eigentlichen Einstieg in die Bahn erreicht man über einen Aufzug mit offener Hebebühne, bei deren Benutzung das freundliche Personal der Bergbahn behilflich sein

Schlossticket
Beinhaltet die Hin- und Rückfahrt mit der Bergbahn und den Schlosseintritt.
Preis: Erwachsene: 9 €
Ermäßigte: 4,50 €
Fahrplan: tägl. alle 10 Minuten, Anfang Apr. bis Anfang Okt., erste Bergfahrt um 9 Uhr ab Kornmarkt, letzte Talfahrt um 20.23 Uhr ab Schloss; Anfang Okt. bis Anfang Apr., erste Bergfahrt um 9 Uhr ab Kornmarkt, letzte Talfahrt um 17.43 Uhr ab Schloss.
In der Bergbahntalstation gibt es eine barrierefrei zugängliche Toilette!

Sabine Haferkorn mobil mit Rolli

TIPP

Die Hebebühne der Heidelberger Bergbahn lässt sich auch mit dem Euroschlüssel des CBF Darmstadt e. V. bedienen. Informationen hierzu finden Sie auf der Internetseite www.cbf-da.de

BERGBAHNFAHRT MIT ROLLI

wird. Bevor wir dann die Bahn besteigen, drücken wir auf der rechten Seite des ersten Abteils noch einen gut sichtbaren Hinweisknopf, der eine Überbrückung zwischen Bahn und Bahnsteig ausfahren lässt. Im ersten Abteil befindet sich ausreichend Platz für zwei Rollstühle.

Los geht's – 88 Sekunden bis zum Schloss, wo die meisten Fahrgäste aussteigen werden. Wir bleiben jedoch noch im Wagon und fahren das letzte mit 43% Steigung auch steilste Stück der Strecke bis zur **MOLKENKUR**. Beim Ausstieg achten Sie bitte auch wieder auf das Knöpfli für das Stückli (die Bahn kommt schließlich aus der Schweiz ...) zum Ausfahren.

FOTO-TIPP

Hier wird uns wieder ein freundlicher Mitarbeiter in den nächsten Lift helfen, der uns bis nach oben zu der alten Station begleitet. Angekommen. Von hier hat man einen traumhaften Blick auf die Stadt und den gegen-

Bergbahnstation Molkenkur

Glockenspiel auf dem Rathaus

überliegenden Heiligenberg. Im **RIOSK** gibt es regionales Bier, regionalen Wein, regionale Limo und alles, was man sich an einem Ausflugskiosk wünschen kann.

Ab Molkenkur fährt seit 1907 die Historische Bahn bis ganz nach oben zum Königstuhl. Aufgrund mehrerer Stufen bis zur Bahn ist diese leider ohne Begleitung nicht nutzbar.

Hinunter geht es mit dem gleichen Prozedere wie »nuff zus«. Wenn man am Ende wieder am Kornmarkt angekommen ist, hört man zum Abschluss vielleicht die Klänge von »Ich hab' mein Herz in Heidelberg verloren«. Auf dem Dach der Ostseite des **RATHAUSES** lassen seit 1961 24 Bronzeglocken, die noch in der Heidelberger Glockengießerei Schilling gegossen wurden, Musikstücke erklingen, die den Jahreszeiten entsprechend wechseln. Täglich um 7.55 Uhr, 15.55 Uhr und 18.55 Uhr – ein schöner Abschluss.

»'s war Heidelberg, das sich erwählten
Als Freudenort die Neuvermählten.
Wie lieblich wandelt man zu zwei'n
Das Schloss hinauf im Sonnenschein.«

Wilhelm Busch
aus »Die fromme Helene«

DAS HEIDELBER-GER SCHLOSS

Die schönste Schlossruine nördlich der Alpen

Start: Marktplatz **Ziel:** Marktplatz
Dauer: ca. 1,5 Stunden **Länge:** ca. 2,5 km
Strecke: 314 Stufen aufwärts, steiler Weg abwärts – alternativ Bergbahn!
Anfahrt: Buslinie 33, Station Rathaus/Bergbahn Kornmarkt

Eine Warnung gleich zu Beginn: Wenn man tatsächlich zum Schloss »hinaufwandeln« will, sollte man über eine ausreichende Kondition verfügen. Die gute Nachricht ist: Sie dürfen diesen Spaziergang natürlich auch ohne Trauschein unternehmen.

TIPP

Nehmen Sie die Bergbahn zum Schloss - 314 Stufen können anstrengend sein ...

Ganz gleich, ob man sich für den Fußweg oder die Fahrt mit der Bergbahn hinauf zum Schloss entscheidet, blicken wir uns auf dem **KORNMARKT** erst einmal um. An seine nördliche Seite grenzt der Südflügel des **RATHAUSES**, mit den Amtsräumen des Oberbürgermeisters hinter einem schmalen Balkon. Links vom Rathaus sieht man den **MARKTPLATZ** und die Fußgängerzone, die übrigens nach dem Kornmarkt endet. Rechter Hand verläuft die Hauptstraße weiter Richtung Osten bis zum Ende der Kernaltstadt.

In der Mitte des Kornmarktes erhebt sich über einem Brunnen mit goldenem Strahlenkranz um das Haupt die **STATUE** einer Madonna mit Kind. Aufgestellt wurde sie unter Kurfürst Karl Philipp im Jahre 1718, um die Gegenreformation in der Kurpfalz anschaulich zu unterstützen. Unter freiem Himmel wurden hier katholische Messen gefeiert, die sich eines großen Zulaufs – auch von Protestanten aus der Heidelberger Bevölkerung – erfreuten, was unter Umständen dem anschließenden Ausschank von Freibier zuzuschreiben war.

Wenn wir den Kornmarkt nun in südlicher Richtung überqueren und am besten gleich auf die linke Straßenseite wechseln, sehen wir die Hinweisschilder zur **BERG-**

Zählen Sie doch mal die Sterne im Heiligenschein: Es sind zwölf – genauso viele wie in der europäischen Flagge.

KORNMARKT-MADONNA MIT SCHLOSS IM HINTERGRUND

BAHN und zum »Kurzen Buckel«, der über 314 Stufen zum Schloss führt. Jetzt stellt sich die Frage, Bahn oder zu Fuß?

Wenn Sie den Fußweg wählen, stellt man Sie gleich nach wenigen Metern vor eine weitere Entscheidung: die besagten 314 Stufen oder den Burgweg. Über den geht es am Ende aber hinunter, daher nehmen Sie ruhig die Stufen – »do sehe Sie a ä bissl mehr ...«

Wir beginnen mit dem Aufstieg, eine erste Verschnaufpause können wir uns gönnen, wenn wir die Haarnadelkurve der Neuen Schlossstraße erreicht haben. Wunderschöne Villen aus dem 19. und frühen 20. Jahrhundert aus rotem Sandstein schmiegen sich hier an die Zufahrtstraße zum Schloss.

Wir folgen den Stufen weiter Richtung Schloss, vorbei an dem eingezäunten Garten

Schlossticket

Beinhaltet die Hin- und Rückfahrt mit der Bergbahn und den Schlosseintritt.
Preis: Erwachsene: 9 €, Ermäßigte: 4,50 €
Fahrplan: tägl. alle 10 Minuten, Anfang Apr. bis Anfang Okt.: erste Bergfahrt um 9 Uhr ab Kornmarkt, letzte Talfahrt um 20.23 Uhr ab Schloss; Anfang Okt. bis Anfang Apr.: erste Bergfahrt um 9 Uhr ab Kornmarkt, letzte Talfahrt um 17.43 Uhr ab Schloss, Fahrtdauer: 88 Sekunden

und dem Haus der Burschenschaft **NORMANNIA** – einer farbentragenden und schlagenden Studentenverbindung.

INTERESSANT

Studentenverbindungen in Heidelberg Insgesamt gib es in Heidelberg 35 studentische Verbindungen, davon zwei weibliche akademische Vereinigungen. 13 dieser Verbindungen sind schlagend, was bedeutet, dass Fechtduelle untereinander und zwischen Mitgliedern anderer Verbindungen nach strengen Regeln ausgetragen werden. Sollten bei einer solchen Mensur die Duellanten eine Verletzung am Kopf oder im Gesicht davontragen, spricht man von einem sogenannten »Schmiss«.

Nach der »Normannia« knickt der Weg im rechten Winkel nach rechts und führt zur Linken vorbei am **HÜHNERHAUS** des Schlosses. Um der Hofgesellschaft das morgendliche Krähen des Federviehs zu ersparen, brachte man es abseits der Palastbauten in einem separaten Haus unter. Mit einer letzten Anstrengung erreicht man nun das obere Ende des »Kurzen Buckels«. Rechter Hand liegt ein weiteres Verbindungshaus – das der Leipziger Landsmannschaft **AFRANIA**. Hier wartet ein freundlicher kleiner **KIOSK** direkt an der Treppe mit Erfrischungen auf.

Auch diejenigen, die die weniger atemraubende Fahrt mit der Bergbahn vorgezogen haben, stoßen nun hier von der schräg gegenüberliegenden Station »Schloss« wieder hinzu.

Durch ein großes Tor betreten wir nun als erstes den **STÜCKGARTEN** des Schlosses, den Kurfürst Ludwig V. als Verteidigungswall um 1533 errichten ließ. Von den Stücken, einer alten Bezeichnung für Kanonen und Ge-

TIPP

Mit dem Schlossticket kann man auch bis zur Station Molkenkur fahren und dabei das steilste Stück der gesamten Strecke mit einer Steigung von 41% erleben. Aussteigen lohnt sich allemal – ein sehr netter Kiosk mit regionalen Produkten, der »Riosk« lädt zu einem Kaffee, einer Limo oder einem Heidelberger Bierchen ein, bevor man wieder hinunterfährt und die Schlosstour fortsetzt.

Stückgarten im Herbst

schütze, die hier nach Westen aufgestellt wurden, erhielt dieser Teil des heutigen Gartens seinen Namen.

Wir biegen sofort nach links ab und folgen dem Weg, bis wir an der Brüstung auf der linken Seite auf eine kleine Mauer stoßen. Hierbei handelt es sich um die Überres-

INSIDER

Davon, dass Goethe Heidelberg insgesamt acht Mal besuchte, berichten auch die Gästeführer bei ihren Stadt- und Schlosstouren. Und manchmal schwingt ein gewisser Stolz mit, dass der Dichterfürst eine so große Zuneigung zu unserer Stadt gefasst hatte. Leicht verdutzt hingegen war die Autorin, als statt des üblichen »Ach-wer-hätte-das-gedacht«-Gemurmels der Gäste an einem heißen Sommertag der Kommentar einer Dame lapidar lautete: »Mache Se doch kä Gschieß, der Goethe war doch iwwerall ...«

KURIOS

BLICK AUF DIE ALTSTADT

te eines Vogelhauses, welches Kurfürst Friedrich V. über 80 Jahre nach dem Aufschütten des Westwalls erbauen ließ und das den Garten nach Süden abschloss. Eine **GEDENKTAFEL** an dieser Mauer erinnert an ein letztes Treffen Johann Wolfgang von Goethes mit der jungen Marianne von Willemer in Heidelberg im Jahre 1815.

Wir schlendern nun weiter entlang der Brüstung bis zum **RONDELL**, von dem nur noch die Hälfte verblieben ist, und genießen von hier aus einen traumhaften Blick über die Dächer Heidelbergs. Hier sieht man auch den **NECKAR**, den dem Schloss gegenüberliegenden **HEILIGENBERG**, und an klaren Tagen blickt man sogar bis in die **RHEINEBENE** zu den Pfälzer Bergen und der Deutschen Weinstraße – eine Entfernung vom Heidelberger Schloss bis nach Bad Dürkheim von knapp 50 m. Am Ende des Stückgartens erheben sich die Überreste des **DICKEN TURMS** mit den riesigen Fenstern auf seinen Mauern.

Der Dicke Turm

Finden Sie diesen Stein...?

Der Dicke Turm Unter Kurfürst Ludwig V. wurde dieser Wehrturm mit einem Durchmesser von knapp 30 Metern gebaut. Kurfürst Friedrich V. ließ das Dach abtragen und nach dem Vorbild des »Globe Theatres« in London ein rundes Theater daraufsetzen. Von diesen ganzen »Umbaumaßnahmen« berichtet auf Lateinisch eine Steintafel auf der Südseite des Turmes, flankiert von den Statuen Ludwigs V. zur linken und Friedrichs V. zur rechten Seite. Der Anfang dieser Inschrift lautet folgendermaßen:

»LVDOVICVS. COM(es). PAL(atinus). R(heni) ELEC(tor). DVX. BAVAR(iae). / MOLEM. HANC EXSTRUXIT. A(nno) C(hristi). MDXXXIII.«

Schön war der Hinweis eines Gastes, dass die Kurfürsten ja bereits eine Website hatten, schließlich beginne doch der Text auf der Tafel mit: »Ludovicus.com ...«

Übrigens, das Googlen können Sie sich sparen: www.ludovicus.com ist eine brasilianische Kosmetikfirma.

Kurios

SEHENSWERT

Wir folgen dem Weg weiter entlang der Balustrade. Links sind die westlichen Seiten des **KÖNIGSSAALES**, des **BIBLIOTHEKS-** und des **RUPRECHTSBAUS** (in dieser Reihenfolge) sowie der **HIRSCHGRABEN** tief unten zu sehen. Die Mauer, die sich vor dem Ruprechtsbau erhebt, war zu dessen Entstehung zu Beginn des 15. Jahrhunderts die Westmauer des Schlosses. Sehr schön kann man hier erkennen, dass das Heidelberger Schloss nicht als einheitliches Bauwerk entstanden ist, sondern seit seiner ersten Erwähnung im Jahre 1225 über 400 Jahre lang immer erweitert und ergänzt wurde. Der Charakter einer mittelalterlichen Burg lässt sich schon aufgrund der Lage des Areals nicht leugnen: Oberhalb der Stadt gelegen, mit einem Berg »im Rücken« und einem weiteren Berg gegenüber, sozusagen das Neckartal und die Rheinebene kontrollierend, war sie eine ideale Feste.

Elisabethentor

Jetzt dürfen wir wieder »wandeln«: durch das **ELISABETHENTOR** hindurch am Ende des Stückgartens. Anlässlich ihres 19. Geburtstages im Jahre 1615 überraschte der verliebte Kurfürst seine Gattin mit diesem Tor, das in einer Nacht errichtet worden sein soll. Auf den Säulen, die den Bogen symbolisch stützen, ließ er kleine Tiere

VON DER FESTE ZUM SCHLOSS

Erst Friedrich V. gab der Anlage ab 1613 aus dem schönsten Grund der Welt ihren Schlosscharakter: die Liebe zu seiner Gemahlin Elizabeth Stuart, der Tochter des englischen Königs Jakob I. Die Ehe der beiden 17-Jährigen wurde, wie zur damaligen Zeit üblich, arrangiert, aber als Friedrich nach London reiste und die beiden sich das erste Mal gegenüberstanden, verliebten sie sich unsterblich ineinander. Als Elizabeth nach Heidelberg kam, soll sie ausgerufen haben: »Welch ein Loch!«
Friedrich setzte alles daran, seiner englischen Prinzessin in Heidelberg den Himmel auf kurfürstlichen Erden zu bereiten. Den Stückgarten mit seinen Geschützen ließ er in einen Lustgarten umwandeln, der »englische Bau« wurde zwischen den Dicken Turm und den Fassbau eingefügt. Für den östlichen Teil des Schlossgeländes holte er den aus Frankreich stammenden Gartenarchitekten Salomon de Caus, der mit dem »Hortus Palatinus«, dem Pfälzischen Garten, einen noch nie da gewesenen Renaissancegarten schuf – ein Meisterwerk seiner Zeit, das auch als achtes Weltwunder betitelt wurde! All das allerdings auf Kosten der Wehrhaftigkeit der Schlossanlage!

»Für jedes Tierchen einen Kuss ...«

»verstecken«, und für jedes Tierchen, das Elisabeth fand, erhielt sie einen Kuss von ihrem Friedrich. Meine Herren, lassen Sie sich inspirieren ...

Wir folgen dem Weg weiter nach Osten, erst einmal vorbei am Eingang zum **SCHLOSSHOF** zur Linken und der **SATTELKAMMER** zur Rechten. Nach ungefähr 100 Metern hat man den **HORTUS PALATINUS** erreicht. Auf der linken Seite beeindruckt der **KRAUT- BZW. PULVERTURM**, dessen südlicher Teil bei der Zerstörung 1693 abgesprengt wurde und heute noch an der Stelle liegt, auf die er damals stürzte. Auf einer Tafel gegenüber der Brüstung kann man das Abbild eines **KUPFERSTICHES** nach Matthäus Merian betrachten, der den »Hortus Palatinus« und die Schlossanlagen im Jahre 1620 von Osten her darstellt.

Geschichte

Nach weiteren 50 Metern geht es rechts über eine Treppe hinauf auf die obere **TERRASSE** der Gartenanlage. Wir folgen hier dem Weg und genießen den Blick

OETHEBÜSTE IM HORTUS PALATINUS

GOETHEBANK MIT VERS AUS DEM »WEST-ÖSTLICHEN DIVAN«

auf den Garten und die noch sichtbaren Reste der Grotten und Bäder auf der darüber liegenden obersten Ebene. Die nächste Treppe geht es wieder hinunter, bis man auf die **GROTTE** und das **WASSERPARTERRE** mit dem »Vater Rhein« stößt. Den Rhein lassen wir rechts liegen, doch sollten Sie Kinder dabei haben, halten Sie diese gut fest: Das Wasser hat im Frühling mit unzähligen Kaulquappen eine geradezu magische Anziehungskraft – hier schreibt eine Mutter mit Erfahrung!

Nachdem wir ungefähr 150 Meter am Hang zum Berg weiter Richtung Norden gelaufen sind, erblicken wir auf der rechten Seite kurz vor der Wegbiegung eine aus Muschelkalkstein gebaute Bank, die **GOETHEBANK**, die in ihrer Mitte ein Medaillon mit einem Wiedehopf trägt. Die eingemeißelten Verse auf der Rückenlehne stammen aus Goethes Werk »West-östlicher Divan«, in das einige Gedichte von Marianne von Willemer eingeflossen sind. Gäbe es eine Skala zur Messung romantischer Orte, stünde dieser hier ganz weit oben ...

LITERATUR

Nur ein kleines Stück weiter hat man 1922 eine **BÜSTE** Goethes aufgestellt, an der man vorbeiläuft – lieber schlendern sollte –, um dann gleich rechts auf die Terrasse einzubiegen, die an ihrem nördlichen Ende endlich den Namen **SCHEFFELTERRASSE** bekommt.

Geschichte

Joseph Victor von Scheffel Joseph Victor von Scheffel hatte ab 1844 in Heidelberg Rechtswissenschaften studiert, war nacheinander Mitglied in drei Studentenverbindungen und hatte sein studentisches Leben wohl sehr genossen. In einem Brief seiner Mutter an ihren Sohn hieß es ungefähr: »Du rauchst zu viel, Du saufst zu viel, Du wirst ein Lump am End', Du sollst mir nicht mehr bleiben in Heidelberg Student!« Das Denkmal, das man ihm Ende des 19. Jahrhunderts errichtet hatte, wurde 1942 eingeschmolzen, und erst in den 1970er Jahren rückte an seine Stelle dieses Medaillon.

Nachdem Sie hoffentlich ausgiebig den Blick auf die Stadt und das Schloss von hier aus genossen haben, machen wir einfach eine Kehrtwende und laufen wieder an der Balustrade entlang Richtung Schloss zurück. Schauen Sie mal den Hang hinunter: Dort unten gibt es im Sommer für einige Wochen eine kleine **RINDERHERDE**, die natürlichste Weise, das Gras auf diesem steilen Hang kurz zu halten. Sie grasen sozusagen in Staatsdiensten!

Auch verbergen sich überall viele lauschige Ecken, in denen man ungestört ein gutes Buch lesen, für das Studium lernen, über den Sinn des Lebens nachdenken oder sich in aller Ruhe fragen kann, wann das eigene Herz endlich in Heidelberg verloren geht und hoffentlich schnell gefunden wird …

Am Ende biegen wir nach der Balustrade rechts ab und folgen dem Weg wiederum bis zum Ende dieses Gartenabschnitts. Vor uns liegt nun die östliche Seite des Schlosses mit dem Kraut- bzw. Pulverturm zur Linken, gefolgt vom **APOTHEKERTURM** mit anschließendem **OTTHEINRICHSBAU** und ganz rechts außen schließlich dem **GLOCKENTURM**.

Wir befinden uns nun auf dem gleichen Weg, den wir vorhin in Richtung Garten gelaufen sind, nur dieses Mal biegen wir durch das **BRÜCKENHAUS** in den Schlossinnenhof ab. Achtung: Hier braucht man das Schlossticket. Sollten Sie nicht mit der Bahn gefahren sein, kaufen Sie sich das Ticket im **BESUCHERZENTRUM** schräg vis-à-vis des Einganges.

Nach der Kartenkontrolle kommt man als erstes auf die **BRÜCKE**, auf der Sie vielleicht bei viel Betrieb einfach weitergeschoben werden. Verweilen Sie jedoch einen Moment und blicken nach links, wo man einen schönen Blick auf **HIRSCHGRABEN**, **STÜCKGARTEN** und einen **GEFÄNGNISTURM** haben, der den vielsagenden Namen »Seltenleer« trägt, in dem in der Zeit des abendländischen Schismas im Jahre 1415 sogar ein Gegenpapst inhaftiert war. Von der rechten Seite aus zeichnete Goethe 1779 den Krautturm, was auch auf einer Tafel, eingelassen an dieser Stelle der Brüstung, zu lesen ist.

Schloss Heidelberg
Schlosshof 1
69117 Heidelberg
Tel.: 06221-538431
www.schloss-heidelberg.de
Öffnungszeiten: tägl. 9 – 17.30 Uhr
Apothekenmuseum: Apr. – Okt., tägl. 10 – 18 Uhr, Nov. – Mär., tägl. 10.15 – 17.30 Uhr
Eintritt: (beinhaltet Bergbahn, Schlosshof, Fasskeller, Deutsches Apothekenmuseum) Erwachsene: 9 €, Ermäßigt 4,50 €

BALUSTRADE AUF DER SCHEFFELTERRASSE

KRAUTTURM

UHRTURM SCHLOSSEINGANG

Bevor wir nun durch das Tor laufen, blicken wir noch einmal nach oben: Zwei imposante Riesengestalten als Torwächter stehen den beiden, mit den Insignien der Heidelberger Kurfürsten ausgestatteten Löwen, zur Seite, quasi als Begrüßungskomitee der ankommenden Gäste. Die Mitte wirkt kahl und leer, offensichtlich fehlt etwas.

INTERESSANT

Vor der Sprengung des Schlosses durch die französischen Truppen wurde das silberne Wappen der Wittelsbacher, die seit dem 13. Jahrhundert hier herrschten, »entwendet«. Ludwig XIV. ließ eine Gedenkmünze daraus prägen, die die Inschrift »Heidelberga deleta« (lat.: Heidelberg ist zerstört) trug, und mit der er die endgültige Zerstörung der Residenz zelebrierte. Nicht zuletzt die Gräueltaten in der Kurpfalz begründeten das, was in die deutsch-französische Geschichte als »Erbfeindschaft« eingehen und bis ins 20. Jahrhundert andauern sollte. Der englische Poet William Somerset Maugham drückte es jedoch folgendermaßen aus: »Niemand macht so schöne Ruinen wie die Franzosen!«

KURIOS

Übrigens – da war da noch der amerikanische Gast, der fragte, ob das Schloss zerstört wurde, weil Hitler in ihm residierte… NEIN!

Eine immer wiederkehrende Frage, die eine Kollegin einmal so beantworte: »Kurz vor Kriegsende fuhr ein amerikanisches U-Boot den Neckar flussaufwärts unter der Alten Brücke hindurch und feuerte einen Torpedo auf das Schloss ab. Hitler bekam davon Wind, floh über den Königstuhl nach Leimen, von dort nach Brühl, wo er unerkannt auf ein Rheinschiff gelang, welches ihn bis nach Rotterdam brachte. Dort schiffte er nach Buenos Aires ein und unterrichtet seither, immer noch unerkannt, Aquarellmalerei an der Kunstakademie!« Autsch – Geschichte reloaded 2.0 …

Durch das große hölzerne Tor kann man bereits einen Blick in den Schlosshof werfen. Beim Hindurchgehen jedoch unbedingt am linken Flügel des Tores auf den eisernen **RING** achten. Der Sage nach wird demjenigen, dem es gelingt, diesen Ring mit seinen Zähnen zu durchbeißen, das ganze Schloss gehören. Die Hexe Jetta versuchte sich daran bereits im Mittelalter, man kann noch deutlich die Spuren ihrer Anstrengung sehen, doch vergebens …

Es sind aber nicht nur die Zeugnisse aus Stein und Eisen, die von der langen und ereignisreichen Geschichte unseres Schlosses berichten. Der **HOLUNDERBAUM**, der rechts vor der

Könnte dieser Holunderbaum erzählen …

TIPP

Versuchen Sie nicht, den Hexenring durchzubeißen! Bei über einer Million registrierter Schlossbesucher wären Sie sicherlich nicht der Einzige. Und zudem: Sollte es Ihnen Dank gut gepflegter Zähne und eines unwahrscheinlichen Zufalls dennoch gelingen, den Hexenring zu zermalmen, wären Sie nicht nur stolzer Besitzer der wichtigsten touristischen Attraktion Süddeutschlands neben Schloss Neuschwanstein, sondern hätten auch jährliche Instandhaltungskosten von schätzungsweise drei Millionen Euro an der Backe! Staunen Sie, und laufen Sie weiter.

Brunnenhalle im Innenhof steht, wurde bereits auf einer Fotografie aus dem Jahre 1864 abgelichtet. Er könnte sie alle gesehen und belauscht haben, die großen Dichter, die über Heidelberg und das Schloss geschrieben haben: Gottfried Keller, Joseph Victor von Scheffel, Rainer Maria Rilke, Victor Hugo, Mark Twain ...

Gehen Sie nun in die Mitte des **SCHLOSSHOFES** und gönnen sich die Zeit für Ihre Eindrücke. Die Blicke werden auf die schönsten Renaissancefassaden nördlich der Alpen fallen. (Wenn Sie nach Prag fahren, erzählen die Ihnen da genau das Gleiche – nur: hier stimmt es!)

Auf der Ostseite des Innenhofes ist dies der **OTTHEINRICHSBAU**, in dem sich im unteren Teil seit 1957 das **DEUTSCHE APOTHEKENMUSEUM** befindet, und zum Norden hin der **FRIEDRICHSBAU**. Ottheinrich, der kunstsinnige Kurfürst, der die lange Wartezeit bis zu seinem Amtsantritt in Heidelberg im Jahre 1556 unter anderem mit Reisen ausfüllte, und der 1557 die Reforma-

Ottheinrichsportal

tion in der Kurpfalz einführte, erlebte die Vollendung seines Palastes leider nicht mehr. 1559, nur drei Jahre nach Beginn des Baus, zu dem er sich von den Meistern der italienischen Renaissance hatte inspirieren lassen, verstarb er im Alter von 56 Jahren. Seine enorme Leibesfülle war ihm zum Verhängnis geworden – an die 200 Kilo Lebendgewicht stürzen irgendwann auch den stärksten Herrscher vom Thron!

Wissenswert

Der Friedrichsbau, der mit Ottheinrichs Palast durch den Gläsernen Saalbau quasi im rechten Winkel verbunden ist, entstand in den Jahren 1601 – 1607 unter Kurfürst Friedrich IV., dem Begründer der Stadt Mannheim. Mit den Statuen, die an der Fassade eingearbeitet sind, hat Friedrich nicht nur seine Vorfahren, sondern auch sich selbst verewigt. Sie sehen ihn, sein Schwert in der rechten Hand haltend, in der ersten Reihe unten rechts außen, oberhalb des Durchganges zum Altan. Auch ihn ereilte ein früher Tod, den man seinem ausschweifenden, dem guten Pfälzer Wein zugeneigten Lebenswandel zuschrieb. Ihm haben wir aber auch die erste Heidelberger Bierordnung aus dem

»Wütend wälzt sich einst im Bette
Kurfürst Friedrich von der Pfalz;
gegen alle Etikette
brüllte er aus vollem Hals:
›Wie kam gestern ich ins Nest?
Bin scheint's wieder voll gewest!‹«

Bis heute unsterblich geblieben ist Friedrich IV. in dem Studentenlied

Im Deutschen Apothekenmuseum

Friedrichsbau

Großes Fass

Holzfigur des Hofnarren Perkeo im Fasskeller

Jahre 1603 zu verdanken. Ein Bierklassiker der Heidelberger Brauerei trägt heute den geschichtlich verankerten Namen »1603«.

Bleiben wir beim Thema und begeben uns an der **SCHLOSSKAPELLE** vorbei in den unter dem **KÖNIGSSAAL** gelegenen **FASSKELLER**. Das größte Fass der Welt, das je gefüllt war, verbirgt sich in den 1589 eigens für diesen Zweck errichteten Gemäuern. Das heutige »Große Fass« wurde allerdings erst 1751 fertiggestellt und hat ein Fassungsvermögen von 221.726 Litern (wenn schon, dann ganz genau!). 1934 wurde in Bad Dürkheim in der Pfalz ein um ein Vielfaches größeres Fass allerdings als Gasthaus gebaut, mit Wein gefüllt war nur das Fass in Heidelberg!

INTERESSANT

Wozu aber ließen die Heidelberger Kurfürsten ein solches Riesenfass erbauen? Stellen Sie sich vor, es gab eine Zeit, in der Menschen nur 10% ihrer Erträgnisse versteuern mussten. Hören Sie auf zu träumen, das ist verdammt lange her und wird so schnell nicht wieder geschehen. Das »Große Fass« ist jedoch ein Relikt aus dieser Zeit, als der Zehnt abgeführt werden musste und die Winzer diesen Zehnt auf dem Schloss abzuliefern hatten. Von Weingenuss konnte man damals allerdings nicht sprechen: Alles, was an Steuerwein gebracht wurde, kam in dieses Riesenfass und ergab bunt gemischt wahrscheinlich ein Cuvée, das entsetzlich geschmeckt haben muss!

Perkeo »Wächter« dieses Fasses war der Hofnarr Clemens aus Südtirol, der mit seiner Trinkfestigkeit Kurfürst Karl Philipp dermaßen beeindruckte, dass er ihn in die Kurpfalz mitnahm. Clemens, der zunächst nur Italienisch gesprochen hat, soll jedes Mal, wenn man ihm ein Glas Wein anbot, geantwortet haben: »Perchè no?«, was bedeutet: »Warum nicht?« Die des Italienischen nicht mächtigen Heidelberger verstanden aber nur »Perkeo«, und so kommt es, dass der kleine Mann aus Salurn unter diesem Namen in die Heidelberger Geschichte einging.

Gönnen Sie sich eine kleine Pause und genießen vielleicht sogar eine **WEINPROBE**. Keine Sorge, die Zeiten der »Steuerplörre« sind lange vorbei: Sommelier Timo Ziegler kann mit einer feinen Auswahl an regionalen Weinen und Spitzengewächsen aufwarten. Die Autorin empfiehlt die Schokoladen-Weinprobe, aber auch Kaffee, Kuchen, Eis und Erfrischungsgetränke wecken neue Lebensgeister, bevor es weitergeht.

Wir verlassen das Gewölbe und biegen unter der **STATUE FRIED-**

DIE VINOTHEK IM FASSKELLER

EINKEHR-TIPP

Weinproben im Fasskeller
Mit Reservierung
www.heidelberger-schloss-gastronomie.de

RICHS IV. durch einen kleinen Gang ab, um gleich darauf mit einem der schönsten Blicke auf die Stadt belohnt zu werden.

Im Gegensatz zur Aussicht vom Stückgarten zu Beginn unseres Schlossspaziergangs hat man von hier aus noch Einblicke in die schmale Altstadt und das Neckartal. Oberhalb des **STAUWEHRS** auf der gegenüberliegenden Neckarseite erkennt man zwei **WEINBERGE**, die den schönen Namen »Sonnenseite ob der Bruck« tragen. Merken Sie sich das gut – ein anderer Spaziergang in diesem Buch führt Sie genau dort vorbei.

ROMANTIK

Wir versuchen nun, ein Plätzchen in einem der beiden **ERKER**, die den **SCHLOSSALTAN** begrenzen, zu bekommen, und lassen uns umfangen vom Zauber der Romantik, die man von hier oben beinahe greifen kann.

Genug geträumt – wir machen uns auf den Weg zurück in die Stadt, entweder wieder mit der Bahn oder zu Fuß. Für die Bergbahnfahrt geht es den gleichen Weg durch den Schlosshof zurück, nach der Brücke Richtung Ausgang rechts abbiegen. Den Burgweg in die Stadt erreicht man, wenn man den Altan verlässt und kurz vor

ACH, GOTTELE, WIE ROMANDISCH …

dem kleinen Gang rechts die Treppe hinunter geht. Jetzt einfach dem Weg folgen, man kann sich nicht verlaufen. Hier, unter dem Altan, eröffnen runde Bogen einen ganz eigenen Blick auf die Stadt.

SEHENSWERT

Drehen Sie sich deswegen doch mal um Ihre halbe Achse, und blicken nach oben. Links vom Beginn der Treppen erhebt sich ein mit Efeu bewachsenes und beinahe verfallen aussehendes **GRÜNES HAUS**. Carl Philipp Fohr, neben Carl Rottmann und Ernst Fries einer der berühmten Maler der Heidelberger Romantik, verbrachte hier einige Jahre seiner Jugend. Alt ist er nicht geworden, er ertrank 1818 beim Baden im Tiber in Rom.

500 Meter abschüssiges Kopfsteinpflaster liegen noch vor uns, aber denken Sie sich immer: lieber runter als hoch! Nach ungefähr fünf Minuten hat man es geschafft und kommt genau an der Stelle heraus, an der wir unseren Weg über die Stufen zum Schloss hinauf begonnen haben. Folgen Sie dem »Kurzen Buckel« das letzte, kurze Stück weiter hinunter zum Kornmarkt. Suchen Sie sich auf dem **MARKTPLATZ** ein Plätzchen in der Sonne und lassen Sie die Eindrücke des Schlosses bei einem Gläschen Heidelberger Wein Revue passieren.

PAVILLON AUF DEM SCHLOSSALTAN

UNTERHALB DES SCHLOSSALTANS

AUF MERIANS SPUREN BIS STIFT NEUBURG

Der Philosophenweg von Heidelberg bis Ziegelhausen

Frisches Grün, frische Luft und ein grandioser Blick auf das allerschönste Heidelberg.

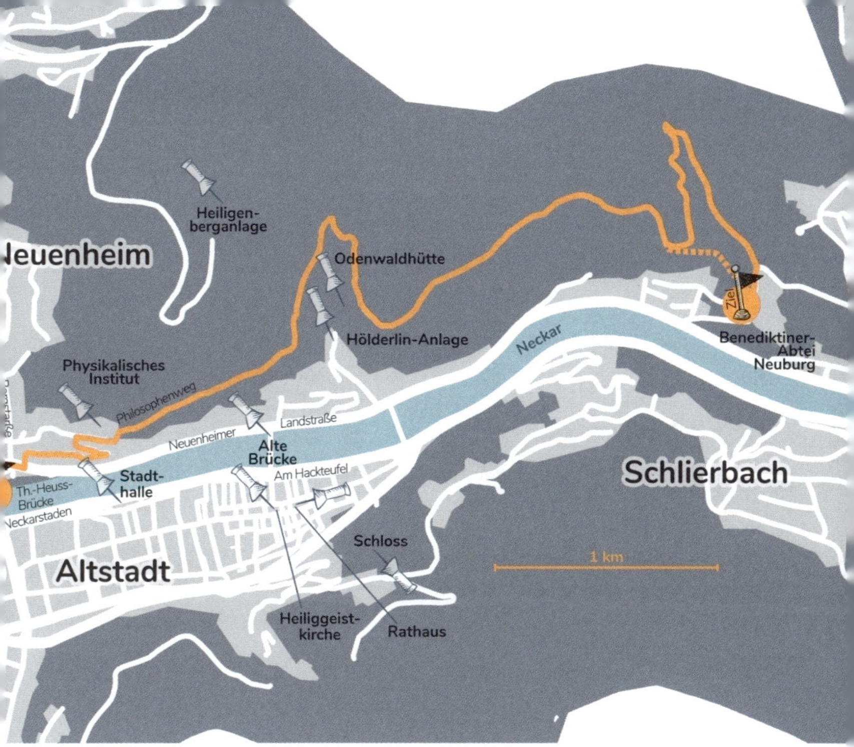

Start: Stift Neuburg

Ziel: Bismarckplatz

Dauer: ca. 2 Stunden

Länge: ca. 7 km

Strecke: steiler Anstieg auf gut befestigtem Gehweg, im weiteren Verlauf eben, ab Mitte bis Ende Waldwege mit unterschiedlichen Böden

Anfahrt: Bahnlinie 5, Straßenbahnlinien 21, 22, 26, Buslinien 29, 31, 34 und 35, Haltestelle Bismarckplatz

Es geht noch steiler!

Altes Physikalisches Institut

Vom **BISMARCKPLATZ**, dem pulsierenden Verkehrszentrum Heidelbergs, laufen wir über die Sofienstraße Richtung Norden und überqueren an der Fußgängerampel die Straße Richtung Neckar. Beginnen Sie diese Wanderung, indem Sie innehalten! (Es ist tatsächlich kein bloßer Spaziergang, daher achten Sie bei der Wahl Ihres Schuhwerks nicht nur auf zeitlose Eleganz und die farbliche Übereinstimmung zu Handtasche und Gürtel, sondern besonders auch auf Bequemlichkeit, wobei das eine das andere natürlich nicht ausschließen muss, aber das ist ein anderes Thema ...).

Auf der Mitte der **THEODOR-HEUSS-BRÜCKE** stehend blicken wir zunächst nach Osten den Neckar flussaufwärts. Rechter Hand erstreckt sich die Altstadt, an deren hinterem Ende das **SCHLOSS** auf dem Jettenbühl über allem thront. Die Alte Brücke, die über Jahrhunderte hinweg die einzige Flussquerung war, verbindet die Altstadt mit dem nördlichen Flussufer. Entlang der linken Neckarseite sehen Sie wunderschöne Villen auf der Höhe des **HEILIGENBERGES** aus dem 19. und 20. Jahrhundert – dahin führt der Weg. »Do misse ma hie und noch ä bissl weiter – alla hopp!«

Am Ende der Brücke biegen wir nun rechts in die Brückenkopfstraße ab, laufen ca. 100 Meter bis zum Zebrastreifen, überqueren dort die Straße und halten uns rechts. Gleich darauf beginnt an der Albert-Ueberle-Straße der Aufstieg zum Philosophenweg, was auch durch Hinweisschilder gut gekennzeichnet ist. Folgen Sie nun der Straße und laufen in gemütlichem Tempo – schneller ginge es wahrscheinlich sowieso nicht –, sodass Sie Zeit haben, all die **VILLEN** der Jahrhundertwende mit ihren entzückenden Details und verspielten Jugendstilfenstern zu betrachten. Natürlich entdeckt man auch Neubauten, deren moderne Architektur sich hier aber nicht störend einfügt.

Auf der linken Straßenseite, ein Stück nach der Kurve, erhebt sich über einem breiten, beeindruckenden Treppenaufgang das für den Nobelpreisträger Philipp Lenard (1905) in den Jahren 1907 – 1912 erbaute **PHYSIKALISCHE INSTITUT** der Universität. Die Lage wurde mit Bedacht gewählt: Harter Granituntergrund gewährleistet die Stabilität, die für eine Vielzahl von Experimenten benötigt wird. Mit Walther Bothe (1954) und J. Hans D. Jensen (1963) entstammen dem Institut zwei weitere Nobelpreisträger.

SEHENSWERT

Weiter geht es steil die Albert-Ueberle-Straße hinauf. Wenn Sie möchten, können Sie auf der linken Seite über eine noch steilere Treppe Richtung Philosophenweg die Strecke verkürzen, dann verpassen Sie jedoch einen humorvoll-philosophisch gestalteten Hausgiebel auf der rechten Straßenseite kurz vor der Haarnadelkurve.

Wir folgen nun der Straße bis zu ihrem Ende und biegen hier rechts in den eigentlichen **PHILOSOPHENWEG** ein. Nach etwa 150 Metern passiert man eine

DER ERBAUER DIESER VILLA MUSS PHILOSOPH GEWESEN SEIN …

Schranke und hat es jetzt fast geschafft: Ab hier verläuft der Weg größtenteils nur noch eben! Vor Ihnen tut sich nun einer der schönsten Blicke auf, die Deutschland zu bieten hat, und belohnt Sie für die Anstrengung des Aufstiegs. »Hier haben sich Menschen, die das Schicksal aus Heidelberg wegführte oder gar gewaltsam vertrieb, nach vielen Jahren beim Wiedersehen ihrer Tränen nicht geschämt«, schrieb Günter Heinemann 1983 in dem Standardwerk »Heidelberg«, der Bibel für alle, die alles über die Stadt erfahren möchten.

Steigen Sie die kleine Treppe in das **PHILOSOPHENGÄRTCHEN** hinunter, und lassen Sie Ihren Blick hier zunächst wandern: Je nach Jahreszeit ergänzen blühende Rabatten das satte Grün, und schon auf dieser verhältnismäßig kleinen Fläche ist zu erahnen, welch mediterrane Vegetation das »Gesamtgefühl Philosophenweg« ausmacht. Aufgrund der günstigen geografischen Lage am Südhang des Heiligenberges liegt die

Blick vom Philosophengärtchen

Eingang Stift Neuburg

Temperatur auf dem Philosophenweg meist zwei bis drei Grad Celsius über der ohnehin schon hohen Heidelberger Durchschnittstemperatur von zwölf Grad Celsius. Echte Zypressen, Ginkgo- und Maulbeerbäume, Rhododendren, Quitten, Feigen und Zitronen, aber auch Esskastanien, Reben und Granatäpfel zeugen davon, dass es sich hier auch im Winter gut leben bzw. als Pflanze überleben lässt.

Wir haben zwar den größten Teil des Spaziergangs noch vor uns, gönnen uns jedoch ein paar Minuten auf einer der Bänke, um von dieser Stelle aus – nach Heinemann – den »Heidelberger Dreiklang« zu genießen: den Blick auf den Fluss, die Stadt und die Berge. Anschließend verlassen wir das Philosophengärtchen, vorbei an dem **GEDENKSTEIN** für Joseph von Eichendorff, und kommen wieder auf den Philosophenweg, dem wir im Verlauf weiter folgen.

Ein **KIOSK**, der leider nur in der sogenannten Hauptsaison geöffnet hat, steht an der ersten Verzweigung des

Weges. Zu seiner Linken sehen Sie eine weitere Heidelberger Besonderheit, auf die Sie im Verlauf der Wanderung noch des Öfteren stoßen werden: **SANDSTEINBLÖCKE**, die um die Jahrhundertwende als Wegweiser im ganzen Gebiet des Heidelberger Stadtwaldes aufgestellt wurden.

Ein kleines Stück weiter unten sehen wir einen zweiten Stein, an dem wir uns orientieren: Wir folgen dem Pfeil Richtung Philosophenweg-Ziegelhausen. Wie darf man sich den Weg nun vorstellen? Benötigt man einen Hochschulabschluss in einer geisteswissenschaftlichen Disziplin, um mit Recht und Fug diesen Pfad zu beschreiten? Weit gefehlt und doch nicht ganz daneben. Als Freund (griechisch: philos) der Weisheit (griechisch: sophia) erkannte man schon in der Antike, dass es sich in der Natur, unter freiem Himmel und in Bewegung anregender diskutierte als in geschlossenen Räumen. Immanuel Kant teilte Mitte des 18. Jahrhunderts diesen Gedanken in Königsberg, wo der tägliche Spazierweg des Gelehrten im Volksmund bald den Namen »Philosophenweg« erhielt.

Der Philosophenweg und seine Entstehung

In Heidelberg war der Grundgedanke für die Namensgebung zunächst nicht ganz so erhaben. Aus ganz pragmatischen Gründen ergab sich der Ausbau dieses ehemaligen Zufahrtsweges der Neuenheimer Winzer zu ihren Weinbergen. Zudem zog es seit der zweiten Gründung der Universität (1803) nicht nur Professoren und Studenten zu diesem, schon von Matthäus Merian dokumentierten Ausblick auf Heidelberg, um sich inspirieren zu lassen. Auch waren seit einigen Jahren bereits die ersten Touristen unterwegs, meist

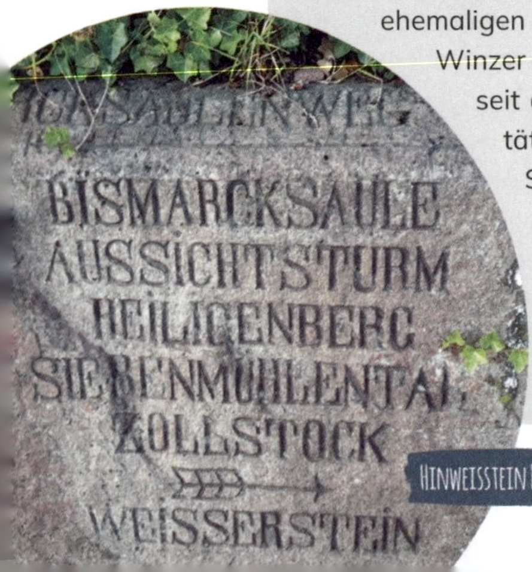

Hinweisstein Philosophenweg

wohlhabende Engländer oder Amerikaner, die auf ihrer »Grand Tour« durch Europa Heidelberg mit seiner romantischen Schlossruine und perfekter Naturkulisse besuchten. »All' die Leit«, die sich auf den Weg durch die Weinberge machten und »umherdappten«, waren den Heidelbergern etwas suspekt, und so bezeichneten sie diesen ehemaligen Weinbergweg dann als Philosophenweg. Dokumentiert ist das erstmals 1805.

Inzwischen sind Sie sicherlich ein ganzes Stück weiter gekommen, haben einige Male innegehalten und sich bestimmt auch umgedreht. Die Pflanzen in den Gärten unterhalb des Weges sind oft so hoch gewachsen, dass sie den Blick auf die Stadt nicht immer freigeben. Aber manchmal eröffnet sich eine größere Freifläche, und Sie haben freie Sicht bis weit hinaus in die Rheinebene. Nach einigen 100 Metern erscheint auf der rechten Seite eine kleine **AUSSICHTSKANZEL** mit dem **LISELOTTE-GEDENKSTEIN** – wieder eine Möglichkeit zum Rasten .

TREFFPUNKT LISELOTTESTEIN

Geschichte

Die Pfälzer Liselotte »Unsere« Liselotte, die »Pfälzer Liselotte« oder ganz korrekt »Elisabeth Charlotte« wurde 1654 als Tochter des Kurfürsten Karl I. Ludwig und seiner Gemahlin Charlotte von Hessen-Kassel in Heidelberg geboren. Sie war eine Frohnatur, wäre lieber ein Junge gewesen und liebte es, sich in der freien Natur zu bewegen. Aus ihren eigenen Schilderungen wissen wir noch heute, welche Streiche sie als Kind mit Vorliebe ihren Hofdamen spielte. Die Ehe ihrer Eltern ging recht früh in die Brüche, und der Vater verliebte sich in das reizende Hoffräulein Luise von Degenfeld. Die Kurfürstin schäumte, und es folgte eine Trennung, die den Vergleich zum Film »Der Rosenkrieg« nicht scheuen muss. Nachdem die Bourbonen in Frankreich im Dreißigjährigen Krieg die Habsburger als mächtigste Dynastie in Europa abgelöst hatten, erschien es Kurfürst Karl I. Ludwig naheliegend, durch eine Ehe die Beziehung zum starken Nachbarn im Westen zu festigen. Liselotte musste herhalten und Herzog Philippe I. von Orléans heiraten, dessen hervorragendste Eignung für dieses Unterfangen darin bestand, der Bruder Ludwigs XIV. zu sein. 1671 reiste sie nach Frankreich und sollte das geliebte Heidelberg nie wieder sehen. So wie die Ehe ihrer Großeltern, Kurfürst Friedrichs V. und der englischen Königstochter Elizabeth Stuart, war auch

Stein zum Gedenken an Liselotte von der Pfalz

die Ehe von Liselotte und Philippe arrangiert worden. Die große Liebe, die die beiden Ersteren füreinander empfanden, blieb unserer Liselotte jedoch verwehrt: Der Herzog von Orléans zog die Gesellschaft junger Männer der seiner Gattin vor. Nachdem Liselottes Bruder Kurfürst Karl im Jahre 1685 kinderlos verstarb, erhob Ludwig XIV. im Namen seiner Schwägerin Erbansprüche auf die Kurpfalz. Als »Pfälzischer Erbfolgekrieg« gingen die folgenden Belagerungs- und Kriegsjahre bis zur endgültigen Zerstörung Heidelbergs (1693), der Kurpfalz und weiterer Teile Süddeutschlands in die Geschichte ein. Liselotte von der Pfalz wird von Heidelbergern und Kurpfälzern wegen ihrer offenen Art und der Gabe, die Dinge beim Namen zu nennen, bis zum heutigen Tag als eine große Tochter der Stadt verehrt.

Der Weg führt weiter vorbei an **TROCKENMAUERN**, Relikte der ehemaligen Weinbauterrassen aus dem 19. Jahrhundert, die ein Refugium für kleine Tiere wie Eidechsen und Insekten bieten. Wir laufen immer weiter, und immer wieder taucht die Stadt hinter Büschen und Bäumen auf, immer mehr prägt sich das Stadtbild mit den Kirchtürmen, der Alten Brücke, dem Schloss und dem Königstuhl ein. Eindrücke ganz anderer Art erschließen sich uns in einem **GARTEN** zur Linken: Schneewittchen, die sieben Zwerge und ein von Efeu umrankter, leicht ausgeblichener Riesenzwerg fristen hier winters wie sommers seit einer gefühlten Ewigkeit ihr schattiges Dasein. Über Geschmack lässt sich bekanntlich streiten, aber wie Sie sehen, werden hier gewisse »Randgruppen« durchaus liebevoll dem bewundernden Betrachter in ihrer ganzen Pracht präsentiert.

SEHENSWERT

Rechter Hand erreichen wir nun eine Stelle, an der wir uns erneut setzen können. Hier können Sie anhand einer aufgestellten **TAFEL** das Heidelberg des Kupferstechers Matthäus Merians aus dem Jahre 1620 mit der heuti-

DURCH DIESE HOHLE GASSE…

RUINE DER KLEINEN ENGELSKAPELLE

GESCHICHTE

gen zu Ihren Füßen liegenden Stadtansicht vergleichen: Von den beiden Weltkriegen des 20. Jahrhunderts weitgehend verschont geblieben, waren es die Heidelberger selbst, die ihrer Stadt ab Kriegsende so manchen architektonischen Hieb verpassten. Natürlich gab es für diese Sünden von den Verantwortlichen zu jeder Zeit gute Gründe und Rechtfertigungen, die ins Feld geführt wurden und die die Bevölkerung meist nur sprachlos den Kopf schütteln ließ. Im großen Stil fielen historische Gebäude der unschönen Betonmode der 1970er Jahre zum Opfer.

Gleich nach der Meriantafel weist ein Schild mit der Bezeichnung **SCHLANGENWEG** auf den in Serpentinen in die Stadt führenden engen Weg. Wer hier die Wanderung nach **ZIEGELHAUSEN** abbrechen möchte, kommt nach ca. 10 Minuten über altes Kopfsteinpflaster und oft ausgetretene Stufen am nördlichen Ende der Alten Brücke heraus. Tipp und Warnung zugleich: Die-

Gedenkstein für Friedrich Hölderlin

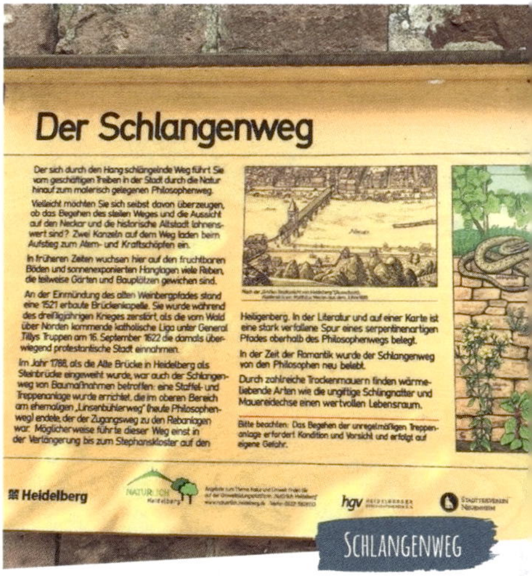

Schlangenweg

sen Weg sollte man wirklich nur in trockenem Zustand begehen. Bei Regen und Nässe saugt der Sandstein die Feuchtigkeit auf, und das kann gerade im Herbst und Winter zu einer gefährlichen Schlitterpartie führen!

Über einen leichten Anstieg verläuft der Weg vorbei an wunderschönen, liebevoll angelegten Privatgärten. Auf der rechten Seite sieht man nun die Überreste einer Mauer, die zu einer an dieser Stelle im Mittelalter errichteten **ENGELSKAPELLE** gehören. Wenn wir links um die kleine Ruine herumlaufen, gelangen wir in die vom Rotary Club gestiftete **HÖLDERLINANLAGE**. Auf Friedrich Hölderlin, der zwar nur dreimal in Heidelberg weilte, hinterließ die Stadt einen bleibenden Eindruck, den er in seiner Ode »Heidelberg« (1801) verewigte:

»Lange lieb ich dich schon, möchte dich, mir zur Lust,
Mutter nennen und dir schenken ein kunstlos Lied,
Du, der Vaterlandsstädte
Ländlichschönste, so viel ich sah.«

Wir folgen dem Philosophenweg weiter in östlicher Richtung. Ab und an tauchen die bereits

Odenwaldhütte

erwähnten Sandsteinblöcke am Wegesrand auf, von denen einer kurz nach der Hölderlinanlage auf die **JUBILÄUMSEICHE** hinweist. Können Sie sie entdecken? Der Odenwaldklub pflanzte sie im Jahre 1986 anlässlich der damals 600 Jahre zurückliegenden Gründung der Universität.

Langsam verwandelt sich der Weg nun in einen Waldweg, und an den Sandsteinblöcken können wir immer wieder die richtige Richtung überprüfen: Wir bleiben auf dem Philosophenweg Richtung Stiftsmühle-Mausbach-Ziegelhausen.

An der roten **ODENWALDHÜTTE** gehen wir rechts vorbei. Selbst hier im Wald trifft man auf Hinweise zur Heidelberger Geschichte, wie jetzt gleich am linken Wegesrand in Form einer Holztafel, die von einer Verteidigungsschanze aus dem Jahr 1849 berichtet. Achten Sie im Verlauf des Weges auch auf die wechselnden **GESTEINSFORMEN**. Prägend für die westlichen Ausläufer des Odenwaldes sind Porphyr und roter Buntsandstein, jedoch taucht irgendwann, zunächst nicht gleich erkennbar, eine Granitverwerfung auf. Diese zieht sich vom Königstuhl bis über das Schlossareal durch den Neckar bis hier zu den Hängen des Heiligenberges.

Nach einer engen Kurve erreichen wir ein weiteres Holzschild, dieses Mal jedoch mit dem Hinweis auf die Rebanlage der Heidelberger Sonnenseite. Sowohl das Heidelberger **WEINGUT CLAUER** als auch das Leimener **WEINGUT ADAM MÜLLER** bauen auf dieser besonderen Hanglage seit 1996 Riesling und Spätburgunder auf schätzungsweise 4.000 Rebstöcken an.

Wir spazieren nun gemütlich weiter, rasten auf den Bänken, und suchen immer wieder den Blick auf Stadt und Schloss. Achten Sie dabei einmal auf die Geräusche um Sie herum: Es herrscht Waldesruh, dennoch ist es nicht still! Der Verkehrslärm aus dem Neckartal wird an die Berghänge zu beiden Flussseiten getragen und vervielfacht. Folgen Sie weiter den Pfeilen auf den Steinblöcken Richtung Stift Neuburg/Stiftsmühle-Mausbach-Ziegelhausen. Eine letzte Haarnadelkurve biegt nach rechts ab, und schon sehen wir die **KLOSTERANLAGE** mit ihren Wiesen, Gehöften und vor allem ihrer Gaststätte vor uns.

Erfrischung erwartet uns nun auf dem Gelände des Klosters in Form eines köstlichen Bieres, gebraut aus dem Quellwasser des Mausbachs und Zutaten aus ausschließlich biologischem Anbau – die perfekte Belohnung für den zurückgelegten Weg in den Fußstapfen der Philosophen und Romantiker. Selbstverständlich können Sie sich auch eine Ration als »Handgepäck« mitnehmen.

TIPP

Aufgrund des begrenzten Ertrages aus dieser Hanglage ist die Nachfrage nach den besonderen Gewächsen jedes Jahrganges immer besonders groß. Sollten Sie also ein Fläschlein eingefangenen Heidelberger Sonnenscheins mit nach Hause nehmen wollen, wenden Sie sich am besten direkt an die beiden Winzer.

Weingut Clauer
Dormenackerhof
69126 Heidelberg
Tel.: 06221-382439
www.weingut-clauer.de

Weingut Adam Müller
Adam-Müller-Straße 1
69181 Leimen
Tel.: 06224-97100
www.weingut-adam-mueller.de

Bevor wir uns auf den Rückweg nach Heidelberg machen, entdecken wir noch mit etwas Muße die klösterlichen Anlagen der **BENEDIKTINERABTEI NEUBURG**. Besonders reizvoll und interessant ist der **KRÄUTERGARTEN** auf der rechten Seite gleich neben dem Ausgangstor.

Stift Neuburg
Stiftweg 2
69118 Heidelberg
Tel.: 06221-8950
www.stift-neuburg.de

Brauerei zum Klosterhof
Stiftweg 4
68118 Heidelberg
Tel.: 06221-6520365
www.brauerei-zum-klosterhof.de

Das Stift Neuburg Um 1130 wurde die Abtei auf diesem Gelände als Ableger des Klosters Lorsch gegründet und blieb bis zur Reformation im 16. Jahrhundert trotz wechselnder Orden eine klösterliche Einrichtung. Ab 1672 diente es als adliges »Fräuleinstift«, im 18. Jahrhundert schließlich begann für das Kloster die jesuitische Epoche, und ab 1804 befand es sich in Privatbesitz. 1825 erwarb es Johann Friedrich Heinrich Schlosser, ein Verwandter Johann Wolfgang von Goethes, und baute die Anlage zu einem Mekka für Künstler und Romantiker aus. Auch die erste Gedenkstätte für den Dichterfürsten Goethe wurde von Schlosser in Stift Neuburg begründet. 1927 ging die Abtei wiede in den Besitz der Benediktiner über. Unter Bruder Ingobert, der sich seit den 1960er Jahren um die Gärtnerei kümmerte, entstand in den 1980er Jahren eine Efeuzucht mit über 500 verschiedenen Arten und Sorten, die weltweit ihresgleichen suchte. Verblieben davon ist heute allerdings nur noch eine **EFEUSAMMLUNG**.

Lassen Sie sich bei dem Rundgang einfach von Ihrem Gefühl leiten und Sie werden zauberhafte Winkel entdecken, die Sie unversehens in die Zeit der Romantik des 19. Jahrhunderts versetzen. Wir verlassen das Kloster durch den großen Torbogen und laufen den Stiftweg hinunter bis zum Neckar. Gleich bei der Einmündung in die Ziegelhäuser Landstraße befindet sich die Bushaltestelle, von der aus uns die Linie 34 direkt an den Bismarckplatz zurückbringt.

TIPP

Oder: Sie nehmen ein Schiff der Weißen Flotte und steigen direkt am Schiffsanleger unterhalb des Klosters Richtung Heidelberg zurück. Den Fahrplan finden Sie hier.

Schifffahrt, Rundfahrten & Sightseeing auf dem Neckar in Heidelberg
Weisse Flotte Heidelberg
www.weisseflottehd.de
Abfahrt: Buslinie 34, Haltestelle Stift Neuburg

„Handgepäck" vom Klosterhof

Schiffsanleger Weisse Flotte

5

DIE HEIDELBERGER EIN-KAUFS(VER)FÜHRUNG

Mit diesem Slogan warb das Londoner Nobelkaufhaus »Harrods« in den 1970er Jahren für einen Besuch in seinen heiligen Hallen.

Seien wir realistisch: Die einzige Gemeinsamkeit zwischen Heidelberg und »Harrods« liegt vordergründig beim Anfangsbuchstaben. Aber allein schon in Anbetracht der langen englischen Geschichte in Heidelberg lassen Sie mich versuchen, Ihnen zu zeigen, dass Shoppen in Heidelberg zu einem beinahe historischen Erlebnis werden kann. Alla hopp – let's go!

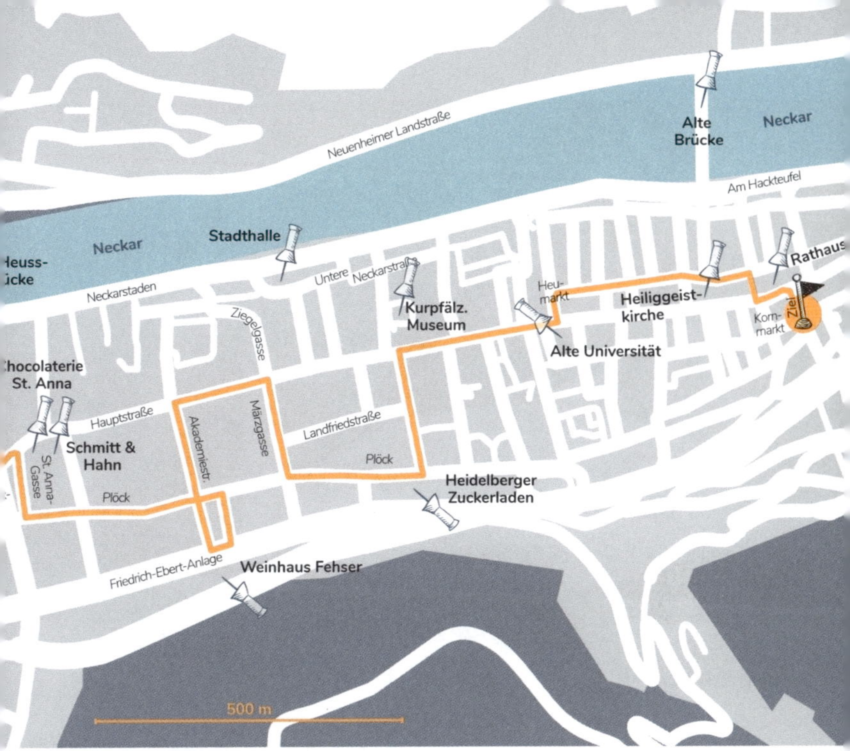

»Wollen wir nur einkaufen, oder wollen wir nach Heidelberg?«

Start: Bismarckplatz
Ziel: Kornmarkt
Dauer: ca. 1 Stunde
Länge: ca. 2,5 km
Strecke: größtenteils eben, im hinteren Teil jedoch altes Kopfsteinpflaster
Anfahrt: Buslinien 29, 31, 34 und 35, Bahnlinie 5, Straßenbahnlinien 21, 22 und 26, Haltestelle Bismarckplatz
Internet: Informationen zum Heidelberger Einzelhandel, www.proheidelberg.de

Nach Heidelberg verweht ...

Nudelturm

Verabreden wir uns am **NUDELTURM**! Jede Heidelbergerin und jeder Heidelberger weiß, wo und vor allem was das ist. Die Form und Gestalt dieser Brunnenplastik des Künstlerpaares Matschinsky-Denninghoff haben ihr im Volksmund den sich selbst erklärenden Namen eingebracht. Viktor Dulger, ein Heidelberger Ingenieur, Erfinder und Mäzen, machte sie den Bürgern der Stadt 1985 zum Geschenk. Mitten auf dem **BISMARCKPLATZ** gelegen, ist sie der ideale Treffpunkt für alles und jeden und zentraler Ausgangspunkt für unsere Einkaufs(ver)führung.

Wir wenden uns zunächst der Hauptstraße zu, und überqueren an der Fußgängerampel die Sofienstraße. Linker Hand liegt das **DARMSTÄDTER HOFCENTRUM**, das seinen Namen dem ehemaligen Hotel »Darmstädter Hof« verdankt, welches an dieser Stelle 1869 seine Pforten öffnete und bis in die 1930er Jahre ein »Hotel I. Ranges« war. Wir laufen noch ca. 20 Meter weiter und biegen dann am **ZEITUNGSLESER**, einer Skulptur des Heidelberger Künstlers und Bildhauers Pieter Sohl, nach rechts in die St.-Anna-Gasse ab. Da hier bis vor ungefähr 150 Jahren die Stadtmauer verlief, wurden zunächst nur die Häuser auf der linken Straßenseite als Wohnbauten genutzt. Gleich neben einer großen allseits bekannten Parfümeriekette wird der Blick sicherlich auf das erste einer ganzen Reihe von Kleinodien der Heidelberger Einkaufslandschaft fallen, zu denen diese Tour (ver)führen möchte.

SÜSSES

Den Auftakt, wie er süßer nicht sein könnte, macht die **CHOCOLATERIE ST. ANNA NO. 1.** Im Jahre 2005 erfüllte sich Guiseppina Ehmann einen Lebenstraum, damals in einem Alter, in dem sich die meisten Menschen zur Ruhe setzen, und eröffnete die Chocolaterie. Gehen Sie hinein, vielmehr tauchen Sie ein in eine Welt voll erlesener Schokoladen, Pralinen, Kaffee und Eis! Eis gibt es das ganze Jahr hindurch und in Geschmacksvarianten, die Sie beim Lesen der Schilder unter Umständen ein zweites Mal hinschauen lässt – aber Sie haben schon das erste Mal richtig gelesen! »Olivia«, bestehend aus weißer Schokolade und Olivenstücken, »Fleur de Sel«, aus weißer oder dunkler Schokolade mit Salzkristallen oder die Variante mit »Rosa Pfeffer«. Genießen Sie noch einige andere sehr ausgefallene Kreationen. Bevor Sie sich für eine entscheiden, dürfen Sie natürlich probieren!

Im Sommer kann man auf den Fensterbänken Platz nehmen und beim Betrachten der anderen Einkäufer – »Leit' gucke« – sein Eis genüsslich verzehren bzw. »schlotze«, wie man hier sagt.

Gestärkt geht es weiter durch die Hauptstraße, allerdings nur ein kleines Stück, bis zur **BUCHHANDLUNG SCHMITT & HAHN** in der Hauptstraße 8 auf

DAS FAMILIENUNTERNEHMEN »SCHMITT & HAHN«

der rechten Seite. Bücher und mehr findet man hier auf 450 Quadratmetern und zwei Etagen, und bitte beachten Sie das »mehr«: Mit leeren Händen verlässt man hier nie den Laden. »Schmitt & Hahn« stellt im gesamtdeutschen Buchhandel eine Besonderheit dar, erkannte doch Carl Schmitt schon früh die Zeichen der Zeit und gründete 1854 die erste deutsche Bahnhofsbuchhandlung im Heidelberger Hauptbahnhof, nach London und Paris damit die dritte Europas. Heute umfasst das Unternehmen 72 Filialen an 32 Standorten, und das Beste ist, dass sich der Betrieb immer noch in Familienhand befindet.

Betrachtet man den Laden mit seinen einladenden Schaufenstern, fällt einem sicher so mancher Buchtitel auf, den man sich doch kaufen könnte. Von Reiseliteratur über Romane bis zu Abenteuer- und Kriminalgeschichten ist alles dabei. Dass man bei Letzteren ganz nah am Geschehen, sozusagen vor dem **LOCUS DELICTI** steht, kann man ja nicht ahnen: In diesem Haus lebte bis zur Ablösung seines Amtes im Jahre 1868 der Heidelberger Scharfrichter. Es muss sich um ein recht lukratives Gewerbe gehandelt haben, wenn man einmal die Gebührenordnung aus dem Jahre 1743 betrachtet.

Den Daumenstock anlegen: 2 fl
Nasen und Ohren abschneiden: 5 fl
Einen mit glühenden Zangen pfetzen: 5 fl
Einen mit dem Strange richten: 7 fl
Einen vierteilen: 12 fl

(fl. steht als Abkürzung für Gulden)

Wie man sieht, war das Vierteilen eindeutig die kostspieligste Art und Weise, das irdische Dasein zwangsweise zu beenden. Schließlich mussten ja auch vier Pferde zu diesem Zwecke eingespannt und verköstigt werden …

Bei »Schmitt & Hahn« machen wir eine Kehrtwende und gehen zurück zur St.-Anna-Gasse, biegen wieder ein, diesmal vorbei an der Chocolaterie. Wenige Meter dahinter lässt sich einer der zauberhaftesten Blumenläden Heidelbergs entdecken: **BLUME SUCHT VASE**.

Blume sucht Vase in der St.-Anna-Gasse

Eine feine alteingesessene Adresse in der Plöck

Susanne Diehl hat ein Händchen für Blumen und Blümchen, Dekoration und hübsche kleine und größere Dinge, die man manchmal einfach zum Glücklichsein braucht. Wenn's doch immer so einfach wäre ... Wenn man nach dem Besuch bei »Blume sucht Vase« den Laden verlässt und die St.-Anna-Gasse bis zum Ende vorläuft, stößt man auf die **PLÖCK**. Und genau hier sollten Sie von einem gemütlichen Spaziermodus auf erhöhte Alarmbereitschaft schalten: eine maximal vier Meter breite Einbahnstraße, deren Regelung nur für Autos, nicht jedoch für Radfahrer gilt. Die Höchstgeschwindigkeit für alle Fahrzeuge beträgt 15 km/h, schmale Trottoirs zwingen die Fußgänger allerdings manchmal auf die Straße, daher ergeht hier die dringende Empfehlung, die obige Warnung nicht in die Kategorie »ä Witzle g' macht« einzuordnen!

Shopping-Tipp

Es lohnt sich dennoch, sich dieser »Gefahr« auszusetzen: Eine ganze Reihe hübscher kleiner Läden säumt die Bürgersteige der Plöck. Wir biegen nach links ab und überqueren am besten gleich die Straße. Nach wenigen Metern stoßen wir auf den **KNOBLAUCH** – diese ist fast schon eine Heidelberger Institution. Seit sechs Generationen finden die Heidelberger hier alles, was man sich unter dem sehr weiten Begriff Schreibwaren vorstellen kann. Hatte man als Kind etwas Taschengeld übrig, ging man nach der Schule zum Knoblauch und konnte sicher sein, dass es gut angelegt war. Nahezu 60 Jahre lang hatte der »Knoblauch« seine Räumlichkeiten in der Sofienstraße »ums Eck«. Es waren Spielwaren, Puppen, Eisenbahnen dazu gekommen (und es gab eine Rutsche von ganz oben bis in den Keller!) – das Zuhause des Weihnachtsmannes hatte eine feste Adresse in Heidelberg. 2001 zog der Familienbetrieb, der 2006 sein 130. Firmenjubiläum begehen konnte, in die Plöck, zum Leidwesen vieler Heidelberger ohne die Spielwarenabteilung, aber das ist nicht weiter schlimm. Denn die Heidelberger von damals sind ja inzwischen auch älter geworden und erfreuen sich nun an wunderschöner Papeterie, Schreibgeräten, Geschenkartikeln und allem, was das Herz an Schönem und Ausgefallenem begehrt.

Wir folgen dem Verlauf der Plöck bis zur Neugasse auf der linken Seite. Von hier kann man die Hauptstraße

Bunsens altes Institut

sehen, die weiterhin parallel verläuft. Weiter geht es jedoch durch die Plöck vorbei an der Rückseite des **KAUFHOFS** zur Linken, bis wir, rein verkehrstechnisch, die Sicherheit und Weite des **FRIEDRICH EBERT-PLATZES** erreicht haben.

Geschichte

Wir überqueren nun den Platz bis zur Mitte und schauen uns um. Das große gelbe Gebäude an der Nordseite wurde 1855 im Stil des romantischen Klassizismus erbaut und ist das **EHEMALIGE INSTITUT** des Chemikers Robert Bunsen, der hier zusammen mit Gustav Kirchhoff 1860 die Spektralanalyse entwickelte. Bis zu seinem Tod im Jahr 1899 war Bunsen ein hoch geschätztes Mitglied der Heidelberger Universität und verehrter Bürger der Stadt.

Schon von hier aus kann man eines von Heidelbergs besten und beliebtesten Traditionsgeschäften erkennen, das **WEINHAUS FEHSER** in der Friedrich-Ebert-Anlage 26.

Nun geht es an die Südseite des Platzes, wir überqueren an der Fußgängerampel die Friedrich-Ebert-Anlage

Verkaufsraum des »Weinhauses Fehser«

und halten uns rechts. Diese kleine zur Fahrbahn parallel verlaufende Straße trägt im Volksmund übrigens den Namen »Fehser-Allee«. Der Familienbetrieb wurde 1883 gegründet und zog schon drei Jahre darauf in das Anwesen in der damaligen Leopold-Anlage, einer ehemaligen Apotheke, deren Einrichtung beibehalten wurde.

Treten Sie ein, und schauen Sie sich um: Es gibt nichts, was es bei **FEHSERS** nicht gibt! Die Regale und Keller der Weinhandlung beherbergen Schätze, die das Herz eines jeden Weinliebhabers höher schlagen lassen. Aber auch einen guten »ehrlichen« Tropfen für das abendliche »Veschper« werden Sie hier finden. Wenn man Glück hat, ist Herr Fehser persönlich im Laden, und sollte man ins Gespräch kommen, erzählt er vielleicht, dass um die Jahrhundertwende deutsche Weine oft teurer waren als große französische Gewächse aus dem Bordeaux. Beispielsweise bezahlte man 1911 ganze 4 Reichsmark für einen 1898er Château Mouton Rothschild, während die 1904er Liebfraumilch aus Rheinhessen mit 4,50 Mark über den Tresen ging. Hätten Sie auch nicht gedacht,

WEINPREISLISTE AUS DEM JAHRE 1911

Jahrgang		per Flasche ohne Glas ℳ	per Liter im Faß ℳ
1906	Bord. St. Julien Chat. Branaire Duluc .	2.40	—.—
1904	„ St. Julien Chat. Langoa Barton .	2.50	—.—
1899	„ Chat. Gruaud Larose de Betmann Faure grand vin . . .	3.—	—.—
1898	„ Chat. Mouton Rotschild grand vin	4.—	—.—
1907	„ Chat. Lafite Baron Rotschild grand vin	5.—	—.—
1893	„ Gruaud Larose grand vin . .	6.50	—.—
1906	Burgunder Macon	1.10	—.—
1906	„ Beaujolais	1.60	—.—
1904	„ Monthelie	2.20	—.—
1904	„ Savigny	3.—	—.—
1904	„ Pommard	3.50	—.—

Bordeaux-Weine in Oxhoft von ca. 225 Ltr. von Mk. 255.— ab
Burgunder-Weine in Piece von ca. 210 Ltr. von Mk. 265.— ab
alles incl. Zoll und Fracht ab hier.

Jahrgang	Rhein- und Rheingauer-Weine	per Flasche ohne Glas ℳ	per Liter im Faß ℳ
1908	Niersteiner . . . . Wachstum G. Reinhard	1.20	1.40
1905	Bodenheimer . . . . . . Wachstum P. Kerz	1.50	1.70
1904	Cauber Berg Riesling . . . . . Wachst. Vereinig. Cauber Weingutsbes.	1.60	1.85
1904	Cauber Blücherthaler Riesling . . Wachst. Vereinig. Cauber Weingutsbes.	2.—	—.—
1907	Rüdesheimer	2.20	2.50
1904	Bodenheimer Rettberg . . . . . Wachstum P. Kerz	2.60	2.90
1900	Cauber Schloß Gutenfelser Riesling Ausl. Wachst. Vereinig. Cauber Weingutsbes.	3.—	—.—
1899	Steinberger . . . . Wachstum Königl. Preuß. Domäne	3.80	—.—
1904	Liebfraumilch Ia. Qualität	4.50	5.—
1890	Rüdesheimer Hinterhaus . . . . Originalabfüll. d. Kgl. Preuß. Domäne	6.50	—.—
1889	Steinberger Cabinetwein . . . . Originalabfüll. d. Kgl. Preuß. Domäne	10.—	—.—

Flaschenweine incl. Faßweine excl. Accis.

DIE LÄNGSTE FUßGÄNGERZONE DEUTSCHLANDS

gell? In jedem Fall ist der Besuch und Einkauf bei »Fehsers« ein Erlebnis, an das man sich gerne erinnern wird!

Wir verlassen den Laden und gehen am besten über die gleiche Fußgängerampel zurück Richtung Friedrich-Ebert-Platz, den wir schräg links haltend überqueren. Achtung: Hier stößt man wieder auf die Plöck und biegt am alten Chemischen Institut links in die Akademiestraße ein. Dieser folgen wir, bis wir am Ende zur Hauptstraße gelangen, in die es nach rechts hineingeht. Nach wenigen Metern öffnet sich linker Hand ein kleiner Platz, der sogenannte **ANATOMIEGARTEN**, in dessen Mitte eine **BRONZESTATUE** von Robert Bunsen steht, flankiert von den allegorischen Figuren der schlafenden und der erwachenden Wissenschaft.

SEHENSWERT

Lassen Sie sich auf der **HAUPTSTRASSE** Richtung Osten treiben und nehmen sich Zeit für alles, was Ihren Augen gefällt. In dieser insgesamt 1,6 Kilometer langen Fußgängerzone, der längsten Deutschlands, wird man sicherlich auch viele Läden entdecken, die man aus anderen Städten kennt. In Heidelberg sind diese jedoch meist in architektonisch reizvollen Gebäuden »verpackt«, die von den Zerstörungen zweier Weltkriege verschont geblieben waren. Aber es lohnt sich auch besonders, gerade die kleinen Seitenstraßen zu entdecken. Deswegen biegen wir nun in die nächste Querstraße, die Märzgasse, rechts ein und folgen ihr ungefähr 150 Meter, bis wir wieder auf die Plöck stoßen. Im 16. Jahrhundert befand sich auf diesem ganzen Terrain der »Herrengarten«, der unter Kurfürst Ottheinrich als Arboretum und Lustgarten angelegt wurde.

Lauter kleine, schöne Läden auf beiden Seiten, die es wert sind, genauer betrachtet zu werden. Vorne an der Plöck biegen wir links ab und laufen weiter Richtung Osten.

Also, weiter geht es durch die Plöck bis zur Hausnummer 52 auf der rechten Straßenseite. Alle, die in den 1960er Jahren oder früher das Licht der Welt erblickt haben, werden angesichts des Zahnarztstuhles im Schaufenster feuchte Hände und kalte Schauer auf dem Rücken verspüren. Verdrängte Szenen aus dem Film »Der Marathon-Mann« werden vor den Augen auftauchen – doch wir überwinden dieses Traumata, und betreten entschlossen den **HEIDELBERGER ZUCKERLADEN**.

TIPP

Sie brauchen keine Angst haben, dass Ihnen ein Großteil der Läden in der Hauptstraße entgeht – am Ende dieser Einkaufs(ver)führung gibt es die Möglichkeit, die gesamte Hauptstraße Richtung Westen bis zum Bismarckplatz zurückzulaufen und alles anzuschauen, was Sie auf dem Hinweg »verpasst« haben.

Shopping-Tipp

Im Jahr 1986, als es Jürgen und Marion Brecht aus Bremen nach Heidelberg zog, eröffneten die beiden einen bis dato noch nie da gewesenen Süßwarenladen. Der Zahnarztstuhl im Fenster ist daher etwas irreführend und lässt nicht im Traum erahnen, was sich dahinter verbirgt. Alles, aber auch wirklich alles, was es an Zucker- und Gummi-Naschwerk gibt, finden Sie hier. Lollies, Brause, Drops, Zuckerspeck, Pralinen – Kinderträume werden wahr, aber auch Erwachsene kommen voll auf ihre Kosten. Denken Sie aber bitte nicht, dass Sie dort

Marion vom Zuckerladen

schnell reinschauen, sich etwas aussuchen, zahlen und das war's dann. Weit gefehlt! Es läuft folgendermaßen ab: reingehen, einen Warteplatz finden, bis man von Marion bedient wird. Man lässt sich beraten, fragt nach Neuheiten oder sucht etwas Altes und bekommt am Ende genau das, was man schon immer wollte, auch wenn man es vorher noch gar nicht wusste. Zum Bezahlen dann bitte in die Schlange stellen, bis man bei Jürgen an der Kasse angekommen ist. Ehe man sich versieht, befindet man sich mitten in einem Gespräch über Gott und die Welt, über banale und essenzielle Dinge sowie über Fußball. Man hat bezahlt und will gehen, wird aber noch von Jürgen zu einem Würfelspiel verleitet, das man gewinnen wird. Der Preis ist eine weitere Süßigkeit, die man sich wahrscheinlich gleich in den Mund stopfen wird.

Erschöpft und glücklich verlassen wir den »Heidelberger Zuckerladen« und biegen ge-

Heidelberger Zuckerladen
Plöck 52
69117 Heidelberg
Tel.: 06221-24365
Öffnungszeiten:
Mo. – Fr. 12 – 19 Uhr,
Sa. 11.15 – 15 Uhr
Anfahrt: Bus 31, 32 und 33, Haltestelle Peterskirche

radeaus blickend in die Friedrichstraße ein. Ungefähr 100 Meter laufen wir, bis wir am Ende der Straße wieder auf die Hauptstraße treffen. Auf der linken Straßenecke befindet sich das **CAFÉ SCHAFHEUTLE**, ein Kaffeehaus, wie es sie früher gab, mit allem, was dazu gehört.

> Zu seinen Heidelberger Studienzeiten war Altbundeskanzler Helmut Kohl hier Stammgast!

Rechts schräg gegenüber fällt spontan ein großes barockes Gebäude ins Auge, das **PALAIS MORASS**, welches das **KURPFÄLZISCHE MUSEUM** der Stadt Heidelberg beherbergt.

Das Kurpfälzische Museum Seinen Ursprung hat das Museum in der »Alterthümersammlung« des französischen Grafen Charles de Graimberg, der als junger Mann 1810 nach Heidelberg kam und, tief beeindruckt von der Ruine des Schlosses, beschlossen hat, nicht nur in Heidelberg zu bleiben, sondern sich sogleich im Torturm des Gläsernen Saalbaus auf dem Schloss ein Quartier zu nehmen. Er machte es sich zur Lebensaufgabe, die Geschichte des Schlosses zu dokumentieren und legte mit seiner Leidenschaft den Grundstock für eine außergewöhnliche Sammlung, die er als Kupferstecher mit eigenen Werken vervollständigte. 15 Jahre nach seinem Tod erwarb sie die Stadt Heidelberg und verlegte sie vom Schloss in die Altstadt hinunter, ab 1906 dann ins Palais Morass. Heute beherbergt das Kurpfälzische Museum eine hervorragende archäologische Abteilung, eine umfangreiche Kurpfalz-Abteilung unter anderem mit den Porträts des Winterkönigs Friedrich V. und seiner Gemahlin Elizabeth Stuart, Frankenthaler Porzellan, Kunstwerke aus der Zeit der Romantik, den »Zwölfbotenaltar«

Palais Morass

Das Laufrad von Karl von Drais, 1817

von Tilman Riemenschneider, das Kupferstichkabinett ... und natürlich die beeindruckende Sammlung zur Heidelberger Stadtgeschichte.

Wir treten durch das Portal ein und gehen hindurch bis in den Hof und den Garten. Linker Hand befindet sich der Eingang zum Museum, dessen Besuch man unbedingt als separaten Programmpunkt des Heidelberg-Aufenthaltes einplanen sollte.

Anschließend verlassen wir das Museum wieder und biegen links in die Hauptstraße ein, der wir bis kurz nach dem Universitätsplatz folgen, um dann gleich wieder links bei einem großen amerikanischen Kaffeeverkäufer Richtung Heumarkt und Untere Straße abzubiegen. Gemütlich spazieren wir am **SUMEBRUNNEN** vorbei – auf altheidelbergerisch bedeutet »Sume« Fisch – zur Unteren Straße, wo man sich, wenn man eine kleine

Kurpfälzisches Museum der Stadt Heidelberg
Hauptstraße 97
69117 Heidelberg
Tel.: 06221-5834020
Öffnungszeiten:
Di. – So. 10 – 18 Uhr,
Mo. geschlossen
Eintrittspreise: Erwachsene: 3 € wochentags, 1,80 € sonn- und feiertags, Ermäßigte: 1,80 € wochentags, 1,20 € sonn- und feiertags, Kinder bis 16 Jahre: frei
Anfahrt: Bus 31, 32 und 35, Haltestelle Kongresshaus/Stadthalle; Bus 31 und 32, Haltestelle Universitätsplatz;
Bus 33, Peterskirche

Antiquitäten und schöner Schmuck

Pause benötigt, im **HÖRNCHEN** auf ein Erfrischungsgetränk niederlassen kann.

Auch in der Unteren Straße ist es so, dass man sich einfach treiben lassen sollte. Bevor Sie allerdings mit dem Treibenlassen anfangen, gehen Sie einmal quer über die Straße in Karins kleinen **SCHMUCK UND ANTIQUITÄTENLADEN** in Haus Nummer 3, in dem man nicht nur vom Ring über das Glas bis zur Keksdose bis hin zu Bildern und Möbeln so ziemlich alles findet, was das historisch liebende Herz begehrt, sondern auch noch bestens beraten wird.

Schmuck und Antiquitäten
Untere Straße 5
Tel.: 06221-182240

Für den weiteren Verlauf der Unteren Straße gibt es kein Zeitlimit und kein Off-Limit. **EZATI** direkt neben dem Antiquitätenladen mit wirklich ausgefallener exklusiver Damenmode, Sofias **KERAMIKOFEN** mit entzückenden selbst bemalten Keramikschätzen, feinstes Kaschmir bei Melinas **YABIS**, Absinth für alle Fälle in der Galerie **GRÜNER ENGEL** ... für jeden ist etwas

GALERIE »GRÜNER ENGEL«

CAFÉ GRANO AM KORNMARKT

in der Unteren Straße dabei. Langsam kommen wir dem Ende zu – ein kleines Stück Weg liegt noch vor uns, aber der lohnt sich: Wir folgen der Unteren Straße bis zu ihrem Ende am **FISCHMARKT**. Laufen dann weiter geradeaus direkt schräg über den **MARKTPLATZ** Richtung **RATHAUS**, dann wieder links auf die Hauptstraße, und schon ist man am **KORNMARKT** angekommen. An dessen östlicher Seite liegt das **CAFÉ GRANO** mit Tischen »uff der Gass«, Blick auf die Kornmarktmadonna, Hauptstraße und Heiliggeistkirche – ein Lieblingsplatz ... psst, nicht weitersagen!

Hier endet nun die Einkaufs(ver)führung. Das soll jedoch keineswegs bedeuten, dass Sie nicht frisch gestärkt und erholt später auf eigene Faust fröhlich weitershoppen können. Denn was gibt es Schöneres, als zu Hause beim Auspacken der Koffer nicht nur auf schmutzige Wäsche, sondern auf ein liebevoll ausgesuchtes Erinnerungsstück aus Heidelberg zu stoßen?

Café bar GRANO
Am Kornmarkt 9
69117 Heidelberg
Öffnungszeiten:
Mo. – Fr. 10 – 24 Uhr,
Sa. 10 – 1 Uhr,
So. 10 – 23 Uhr
www.cafe-bar-grano.de

VON RÖMERN, FORSCHUNG, PFLANZEN UND TIEREN

Das Neuenheimer Feld

»Als die Römer frech geworden, sim se rim sim sim sim sim,
zogen sie nach Deutschlands Norden,
sim se rim sim sim sim sim …«
Joseph Victor von Scheffel, 1847

(Student in Heidelberg)

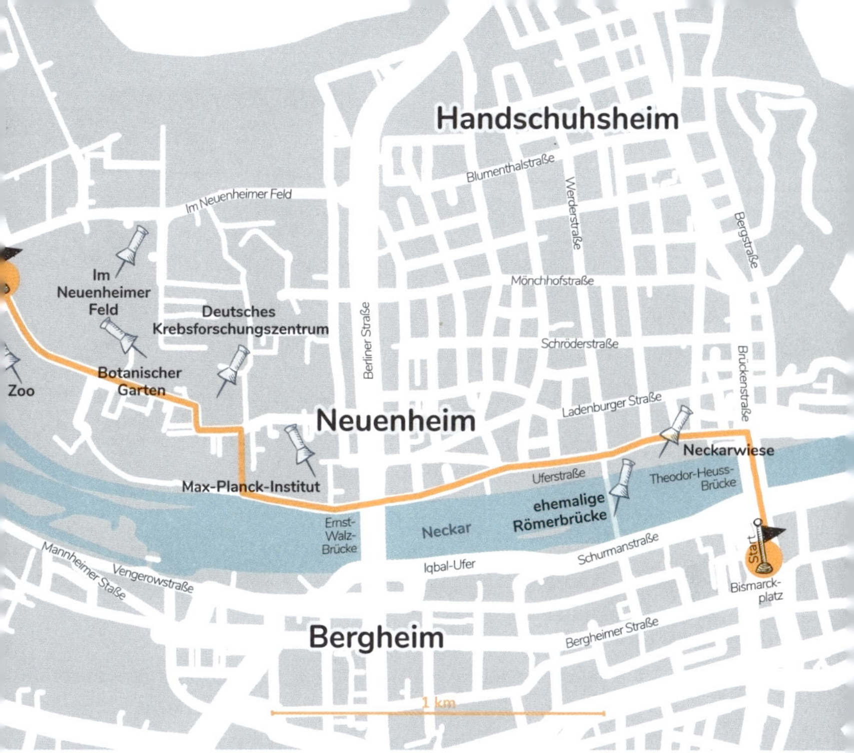

Start: Bismarckplatz

Ziel: Zoo Heidelberg

Dauer: ca. 2 Stunden

Länge: ca. 4 km

Strecke: eben und gute Wege

Anfahrt: Buslinien 29, 31, 34 und 35, Bahnlinie 5, Straßenbahnlinien 21, 22 und 26, Haltestelle Bismarckplatz

NEUENHEIMER NECKARUFER

GEDENKSTEIN AN DIE RÖMERBRÜCKE

Kennen Sie dieses alte Volks- bzw. Studentenlied auch noch aus Ihrer Schulzeit? Und wenn ja, wie viele der dreizehn Strophen können Sie noch singen bzw. haben Sie noch im Kopf? Machen Sie sich, vielleicht leise (!) summend und Strophen zählend, auf den Weg zu den Spuren römischer Geschichte in Heidelberg. Ambulate et cantate!

Dazu folgen wir der Sofienstraße vom **BISMARCKPLATZ** aus in nördlicher Richtung. Gehen bis zur **THEODOR-HEUSS-BRÜCKE** und überqueren zunächst die Fußgängerampel Richtung Neckar und dann gleich die nächste, die uns auf die westliche Brückenseite führt. Weiter geht es über die Brücke, bis wir eine zum Neckar führende breite Treppe erreicht haben, die wir hinuntergehen und von dort aus – diese Stelle kennen alle Heidelberger als **WASSERSCHACHTEL** – am Neckar entlang flussabwärts laufen.

Die **NECKARWIESE**, über die uns dieser Spaziergang führt (vorzugsweise bei trockenem Boden – ansonsten benutzen Sie den parallel verlaufenden Leinpfad entlang der Uferstraße!) ist seit Studentengedenken und in neuerer Zeit auch für Schülerinnen und Schüler Naherholungssammelpunkt bei Eintreffen der ersten Sonnenstrahlen. Schlendern Sie hier ganz gemütlich entlang, und schauen sich immer wieder um: Hinter uns liegen das **SCHLOSS** und die beiden Brücken, auf der rechten Seite die hinter Kastanienbäumen gelegenen Wohnhäuser der Uferstraße, vor uns das quirlige Treiben der Neckarwiese und auf der anderen Flussseite die Einrichtungen des **HEIDELBERGER ALTKLINIKUMS**.

HEIDELBERG & DIE MEDIZIN

GESCHICHTE

In der zweiten Hälfte des 19. Jahrhunderts wuchs nicht nur die Stadt selbst, sondern auch die medizinischen Einrichtungen der Universität hatten einen enormen Expansionsbedarf. An Erweiterungen im engen Gefüge der Altstadt war nicht zu denken, daher begann man auf dem Gelände südlich der neuen, 1877 fertiggestellten zweiten Neckarbrücke mit der Errichtung ganz neuer Klinikgebäude. Eine ähnliche Situation trat bereits 60 Jahre später nochmals ein, sodass die Kliniken schrittweise ins Neuenheimer Feld verlagert wurden.

Nach ungefähr 300 Metern entdecken wir am Leinpfad rechts der Neckarwiese einen **FINDLINGSSTEIN**, der zum Gedenken an die Römerbrücke aufgestellt wurde, die hier im Jahre 200 n. Chr. dem Flussgott Neptun geweiht gestanden hat. Das Pendant dazu findet sich genau auf der gegenüberliegenden Neckarseite. An beiden Uferseiten befanden sich befestigte Kastelle. Für die Bewohner des ehemaligen Fischerdörfchens **NEUENHEIM**, welches seine erste urkundliche Erwähnung im

Herbstliche Neckarwiese

Lorscher Codex bereits im Jahre 765 fand, war die Neckarwiese der Ort, an dem ihre Boote lagerten und wo sie bis ins 20. Jahrhundert ihre Wäsche bleichten.

Wir setzen unseren Weg entlang des Neckars fort, und stellen uns vor, wie es hier vor über 2.000 Jahren ausgesehen haben mag. Es waren jedoch nicht die Römer, die als erste in dieser vom Klima verwöhnten fruchtbaren Region ihre Spuren hinterließen.

Im Jahre 1907 fand der Sandgräber Daniel Hartmann in einer Kiesgrube bei Mauer, ca. 20 Kilometer flussaufwärts, einen menschlichen Unterkiefer, der als **HOMO HEIDELBERGENSIS** einen Meilenstein in der Erforschung unserer Frühgeschichte darstellt. Vor über 600.000 Jahren lebten hier bereits Menschen neben Waldelefanten, Waldnashörnern, Elchen, Säbelzahnkatzen und anderem wilden Getier, die nicht nur Abwechslung auf die Speisekarte brachten, sondern für die Jäger und Sammler in Umkehr oftmals eine tödliche Bedrohung bedeuteten. Funde aus der Bronzezeit belegen die Besiedlung am Rande der Berge sowie auf und zu Füßen des Heiligenberges. Um 450 v. Chr. ließen sich die Kelten hier nieder und errichteten auf dem **HEILIGENBERG** einen doppelten Ringwall – eine Anlage, deren Ausmaße selbst für heutige Vorstellungen überaus beeindruckend gewesen sein muss.

Geschichte

Ab ca. 50 n. Chr. waren die Römer in Heidelberg angekommen und legten auf heutiger Neuenheimer Gemarkung ein **KASTELL** an. Der weitere Verlauf dieser Wanderung wird uns somit am »Kastellweg« und »Am Römerbad« vorbeiführen. Ihren Namen erhielt die letztere, kurze Straße in den 1930er Jahren, als man hier im Zuge von Bauaushüben für Wohnhäuser auf die Überreste einer römischen Badeanstalt stieß. In den 1970er Jahren wurde am nördlichen Ende der Straße die **VERWALTUNG DER AKTIENGESELLSCHAFT HEIDELBERGCEMENT** gebaut. Auch hier traten enorme Funde zu Tage, die heute weitestgehend im Gebäude ausgestellt sind.

Von der **THEODOR-HEUSS-BRÜCKE**, die ursprünglich den Namen des Großherzogs Friedrich von Baden trug, bis zur **ERNST-WALZ-BRÜCKE**, einstmals Hindenburg-Brücke, sind es laut Stadtplan ca. 1,5 Kilometer. Wenn wir (oder wie man hier sagt: »... unner de Brigg dorsch laafe ...«) unter der Ernst-Walz-Brücke durch laufen, sind wir nun genau an der westlichen Neckarseite des **NEUENHEIMER FELDES** angekommen. Viele Heidelberger Hunde führen hier ihre Frauchen und Herrchen spazieren, meist auf dem oberen Teil des Leinpfades. Die Unterseite der Ernst-Walz-Brücke hat aber auch so einige farbenfrohe Ansichten zu bieten: Graffiti wo-

Graffiti Ernst-Walz-Brücke

hin das Auge blickt und manchmal auch probende Straßenmusizierende, die hier das Echo der Brücke nutzen.

Wir spazieren noch ein Stück an der Südseite der Privatstation der **CHIRURGISCHEN KLINIK** vorbei, bis wir auf die Beschilderung »Handschuhsheim 2,4 km« treffen. Hier biegen wir nach rechts ab und stoßen am Ende unter der Adresse »Im Neuenheimer Feld 280« auf das **DEUTSCHE KREBSFORSCHUNGSZENTRUM**.

Wissenswert

Das Deutsche Krebsforschungszentrum 1964 wurde das DKFZ als nationale Forschungseinheit gegründet. Mit Mildred Scheel, 1974 Mitbegründerin der Deutschen Krebshilfe, hatte die ohnehin schon über deutsche Grenzen hinaus renommierte Stiftung eine prominente, selbst betroffene Botschafterin. Das Gebäude wurde in den Jahren 1968-1972 erbaut. Die meisten der Klinik-, Forschungs- und Institutsgebäude rings um das DKFZ herum stammen aus der gleichen Zeit, einige sind älter, und gebaut wird immer noch.

Jedes Mal, wenn die Bagger anrücken, stehen auch die Archäologen parat, denn keiner der Heidelberger Stadtteile ist so »römisch« wie Neuenheim und sein ehemaliges Ackerland. Mitten in den großen Bauvorhaben der 1960er Jahre war es der Heidelberger Forscher und Archäologe Berndmark Heukemes, der Hunderte von Gräbern entdeckte und unter anderem einen komplett erhaltenen sitzenden Terrakotta-Hund sichern konnte.

Eine **RÖMISCHE HANDELSSTRASSE** Richtung Ladenburg, welches ungefähr zehn Kilometer nordwestlich von Heidelberg am Neckar liegt, gesäumt mit prachtvollen Grabstätten wohlhabender Bürger, führte genau hier entlang.

Alles über Heidelbergs Frühgeschichte, beginnend mit dem Unterkiefer des »homo heidelbergensis« über Kelten und Römer, kann man in der wirklich grandiosen ar-

> Interessant ist, dass der lateinische Name Heidelbergs nicht überliefert ist – zumindest bis heute nicht entdeckt wurde! Der Name von Ladenburg lautete »Lopodonum« und ist bis heute die älteste Stadt rechts des Rheins.

chäologischen Abteilung des Kurpfälzischen Museums auf sieben Räume verteilt betrachten und erfahren.

Das Neuenheimer Feld ist der eigentliche **NATURWISSENSCHAFTLICHE CAMPUS** der Universität, wobei Teile der Physik und die Astronomie sich in der Stadt und auf dem Königstuhl befinden. Auch zwei **MAX-PLANCK-INSTITUTE**, die ehemaligen Kaiser-Wilhelm-Institute, sind auf dem Areal zu finden: das für medizinische Forschung und das für Völkerrecht.

Linker Hand geht es den Weg des DKFZ in Richtung Botanischer Garten vorbei am **BELLINI**, einem italienischen Café (nicht das Bistro ein Stück weiter!). Müde, durstig, hungrig? Dann unterbrechen Sie hier kurz die Tour und stärken sich zu studentischen Preisen mit wirklich leckeren, kleinen italienischen Gerichten und richtig gutem Kaffee.

Nach knapp 100 Metern biegen wir links an der **MENSA** ab und laufen geradeaus bis zu den großen

Das Tropenhaus des Botanischen Gartens

VOM »SCHWIEGERMUTTERSESSEL«...

Gewächshäusern weiter. Der Heidelberger **BOTANISCHE GARTEN** wurde bereits unter Kurfürst Friedrich IV. im Jahre 1593 als »Hortus medicus« in der Nähe des Schlosses angelegt. Nach Leipzig (1580) und Jena (1586) ist er der drittälteste in Deutschland und zog insgesamt sechs Mal um, ehe er auf dem hiesigen Gelände 1915 sein endgültiges Domizil fand.

Botanischer Garten der Universität Heidelberg
Im Neuenheimer Feld 361
69120 Heidelberg
Tel.: 06221-545783
www.botgart.cos.uni-heidelberg.de
Öffnungszeiten Freiland: Ganzjährig und ganztägig
Öffnungszeiten Gewächshäuser: Mo. – Do. 9 – 16 Uhr, Fr. 9 – 14.30 Uhr, Sa. geschlossen, So. und Feiertage (Sommerzeit) 10 – 17 Uhr,
So. und Feiertage (Winterzeit) 9 – 16 Uhr
Eintritt: frei

Alleine um die ganzen Außenanlagen zu sehen und vor allem zu genießen, sollten man an die zwei Stunden Zeit einplanen. Sei es die **FARNSCHLUCHT**, der **WEINBERG**, die **RHODODENDRON-ANLAGE** oder das **HOCHMOOR** – Sie werden erstaunt sein, wie nahtlos sich hier unterschiedliche Landschaftsbilder und Regionen aneinanderfügen. In den Gewächshäusern gedeihen derzeit an die 10.000 Pflanzenarten, wobei in Heidelberg ein Schwerpunkt

...BIS ZUM LAUSCHIGEN GRÜN IST ALLES DABEI

auf Orchideen, Bromelien und Sukkulenten liegt.

Wir verlassen anschließend das Gelände des Botanischen Gartens in südlicher Richtung am Parkplatz vorbei, auf die Straße den Hofmeisterweg. Folgen der Straße immer weiter, bis wir rechts am Neubau der **MEDIZINISCHEN KLINIK** vorbeikommen, benannt nach Ludolf von Krehl, Professor für Innere Medizin, der bereits in den 1880er Jahren einen Teil seines Medizinstudiums in Heidelberg absolviert hatte. 1907 kam er dann endgültig nach Heidelberg, wirkte, forschte und lehrte. 1922 konnte er das neue Klinikgebäude in Bergheim beziehen, in dem die »Krehl«, wie die Klinik von Heidelbergern kurz genannt wird, bis 2004 als »Herzstück der Heidelberger Inneren Medizin« beheimatet war.

GESCHICHTE

Der Umzug der Klinik von Bergheim in die neuen Gebäude hier im Neuenheimer Feld samt aller Patienten stellte eine gigantische logistische Herausforderung dar und wurde von der Klinikverwaltung mit Bravour innerhalb von nur einer Woche gemeistert.

KURIOS

Wir lassen das Klinikgelände nun hinter uns und folgen der Straße weiter Richtung **ZOO**, den wir von hier aus schon sehen können.

»Lasst uns für die in der Zivilisation zusammengeballten Menschen einen wirksamen Gegenpol schaffen, eine

Erholungsstätte des Friedens bei unseren Tieren,« sagte Nobelpreisträger Carl Bosch, der als Gründervater und Mäzen 1933 den Grundstein für den Heidelberger Zoo legte. Zwei Jahre zuvor war ihm gemeinsam mit Friedrich Bergius der Nobelpreis für Chemie verliehen worden. Seine ganz privaten Interessen waren jedoch weit gefächert: Nahe seiner Villa am Schloss-Wolfsbrunnenweg oberhalb des Schlosses ließ sich der Direktor der BASF unter anderem eine private Sternwarte errichten, und wie es heißt, verfügte er »über eine höchst originelle Flohsammlung«.

Zoo Heidelberg
Tiergartenstr. 3
69120 Heidelberg
Tel.: 06221-64550
www.zoo-heidelberg.de
Öffnungszeiten: tägl.,
Apr. – Sept. 9 – 19 Uhr,
Mär. – Okt. 9 – 18 Uhr,
Nov. – Feb. 9 – 17 Uhr
Eintrittspreise:
Erwachsene: 14 €,
Kinder/Jugendliche: 7 €,
Ermäßigte: 11,10 €

Die Heidelberger lieben ihren Zoo – für viele Tiere wurden Patenschaften nicht nur von großen und kleinen Firmen übernommen, sondern auch Privatleute unterstützen die Hege und Pflege einzelner Tiere. In den 1950er Jahren wurde regelmäßig eine Tiergartenlotterie durchgeführt, und auch Schulkinder sammelten, sodass unter anderem die Anschaffung einer Elefantenkuh möglich war. Diese verstarb erst 2001 in verhältnismäßig hohem Elefantenalter, und eines der damaligen Schulkinder meinte, in Anbetracht des hohen Lebensalters der Elefantendame Rani, dass man hier von einer wirklich guten Investition sprechen könne …

Der Zoo ist im Laufe der Jahre auf eine Gesamtfläche von ca. zehn Hektar angewachsen und ist heute das Zuhause von 166 Tierarten verteilt auf 2.037 Tiere, davon 436 Vögel in 84 Arten, 515 Säugetiere in 53 Arten, 76 Reptilien in 15 Arten und viele weitere Insekten, Krebse und Amphibien. Ganze Reviere wurden geschaffen wie das Affenrevier, das Großviehrevier, das Raubtierrevier, Elefanten- und Afrikarevier so wie das Vogelrevier. Das Gelände reicht an seiner südwestlichen Seite bis an den Neckar, der sich kurz vorher in Altneckar, ein Naturschutzgebiet, und Neckarkanal für die Schifffahrt gabelt. Nehmen Sie sich Zeit für unseren Zoo – es lohnt sich!

Bevor man 1933 mit der Anlage des Zoos begann, befand sich an dieser Stelle ein seit 1914 begründeter Friedhof. Der Krieg hatte zügige Arbeiten daran zunichte gemacht, sodass man zunächst nur einen Teil als Ehrenfriedhof für gefallene Soldaten nutzte. Nach Bau der Schwabenheimer Schleuse 1925 sollte der Neckar seinem keltischen Namen »Wilder Geselle« immer wieder gerecht werden, und es kam zu häufigen Überflutungen und einem gestiegenen Grundwasserspiegel. Was das für einen Friedhof bedeutet liegt auf der Hand bzw. auf der Oberfläche. An der Architektur des alten Zooeingangs kann man den ursprünglichen Charakter des Geländes immer noch erkennen.

KURIOS

Wenn wir am Ausgang nach links abbiegen und in nördlicher Richtung weiterlaufen, kommen wir zunächst an der Jugendherberge vorbei und passieren dann die **SPIELFELDER** zweier der fünf Heidelberger Rugbyclubs. 1872 wurde zunächst der »Deutsche-Flaggen-Club« gegründet, aus dem nur wenige Jahre später der »Heidelberger Ruderklub« hervorkam – die Wiege des deutschen Rugbysportes steht somit in Heidelberg!

Den Rückweg können Sie wieder zu Fuß oder mit den Buslinien 31 oder 32 antreten.

Der alte Zooeingang

7

Start: Kornmarkt
Ziel: Rundfahrt mit Ende wieder am Kornmarkt
Dauer: ca. 1,5 Stunden
Länge: ca. 4 km – davon nur 1 km zu Fuß
Strecke: leichte Steigungen und Gefälle, gut ausgebaute Wege
Anfahrt: Buslinie 33, Haltestelle Kornmarkt
Bergbahn: Hin- und Rückfahrt, Erwachsene: 14 €, Ermäßigte: 7 €, Fahrplan: tägl. alle 10 Minuten, Anfang Apr. bis Anfang Okt.: erste Bergfahrt um 9 Uhr, letzte Talfahrt um 20.08 Uhr, Anfang Okt. bis Anfang Apr.: erste Bergfahrt um 9 Uhr, letzte Talfahrt um 17.28 Uhr
Internet: www.bergbahn-heidelberg.de

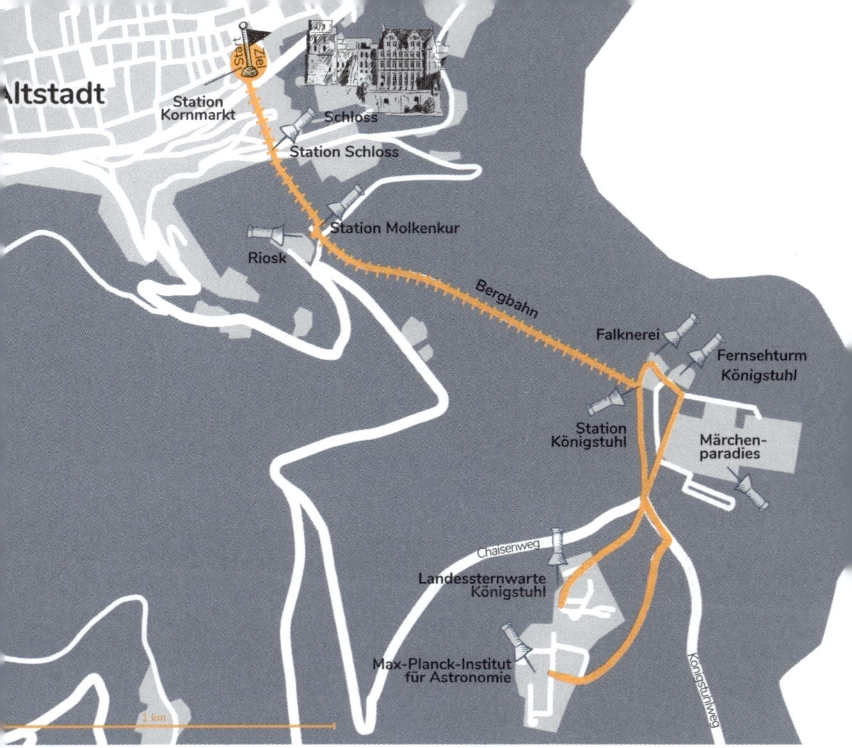

HOLDRIJO, DER BERG RUFT …

inmal Königstuhl und zurück!

ieses Mal geht es nach oben, ganz hoch. nd höher geht es in Heidelberg nicht – es ei denn, sie fliegen drüber!

Auf zum Königstuhl!

Die Bushaltestelle »Kornmarkt«, an der wir aussteigen, liegt direkt an der Talstation der **BERGBAHN**. Eine ganz entspannte Tour liegt vor uns. Gehen Sie hinein, und lösen Sie das Ticket: einmal Königstuhl und zurück. 567 Meter über dem Meeresspiegel gelegen thront der **KÖNIGSTUHL** als Heidelbergs Hausberg über Stadt und Schloss. Die Strecke beider Bahnen umfasst insgesamt 1,5 Kilometer; die Fahrtdauer vom Kornmarkt über Schloss und Molkenkur bis zur Station Königstuhl dauert ungefähr 25 Minuten.

Schauen Sie sich im Foyer der Station in aller Ruhe um: Die Geschichte der Bergbahnen und im Besonde-

Ankunft »Molkenkur«

ren natürlich der Heidelberger ist an den Wänden dokumentiert, genauso wie die Steigungen der einzelnen Abschnitte. Seien Sie froh, dass Sie nicht laufen müssen: Im mittleren Streckenabschnitt sind es bis zu 43% Steigung!

Die Bergbahn 1871 konstruierte der Schweizer Ingenieur Niklaus Riggenbach die Zahnradbahn am Rigi als erste Bergbahn Europas. Zwei Jahre darauf erhält er den Auftrag, Pläne für eine Bahn in Heidelberg zu entwickeln. Es dauerte dann aber noch 17 Jahre, bis die untere Strecke vom Kornmarkt bis zur Molkenkur feierlich eröffnet werden konnte. 1907 wurde dann der obere Teilbereich in Betrieb genommen. 1961 wurden die Waggons der unteren Bahn das erste Mal ausgetauscht, das zweite Mal 2004. Die obere Bahn wurde im Zuge der kompletten Renovierungsarbeiten an allen Stationen zur Generalüberholung zu ihrem Hersteller in die Schweiz verfrachtet. Die alte Dame wurde dort nach den Originalbauplänen aus dem Jahre 1907, die die Firma Garaventa noch in der Schublade hatte, für die technischen Anforderungen des 21. Jahrhunderts »geliftet und aufgehübscht«.

Von unten nach oben betrachtet fahren wir mit Deutschlands modernster Bergbahn, einer Standseilbahn, auf Deutschlands ältester Bergbahnstrecke. Sie werden sehen, die meisten Fahrgäste steigen am Schloss aus, wir bleiben jedoch sitzen. In wenigen Minuten haben wir die Station »Molkenkur« erreicht, wo wir die Fahrt zunächst einmal unterbrechen können.

Wir steigen hier in Fahrtrichtung rechts aus (links lässt man uns gar nicht, die Türen bleiben zu!), laufen die Treppe nach oben und biegen nach rechts ab. Sollten Sie ohne Zwischenstopp gleich weiterfahren wollen, erreichen Sie über einen kurzen Durchgang und wenige Stufen den Bereich der alten Bahn.

Gönnen Sie sich jedoch ein bisschen Zeit, die Anlage der **MOLKENKUR** abzulaufen. Der Ausgang ist beschildert, und über eine Treppe gelangen Sie auf die **AUSSICHTSTERRASSE DES CAFÉS**, von der Sie einen überwältigenden Blick auf die Stadt, den gegenüberliegenden **HEILIGENBERG** und in die **RHEINEBENE** haben. Wenn Ihnen danach ist, trinken Sie ruhig eine Tasse Kaffee und genießen Sie Heidelberg von oben – von Ausruhen kann aber hier noch nicht die Rede sein!

INTERESSANT

DIE MOLKENKUR

Den Namen »Molkenkur« erhielt dieses Areal auf dem »Kleinen Gaisberg« Mitte des 19. Jahrhunderts. Der Gedanke, dass die aus dem Nebenprodukt der Käseherstellung übrig gebliebene Molke aus Ziegen- oder Kuhmilch nicht nur ein Heilmittel gegen Blutarmut sei, sondern auch noch die Verdauung und den Kreislauf anregen sollte, schien als Geschäftsidee Grund genug, hier oben eine Molkereiwirtschaft zu eröffnen. Als 1890 die Bergbahn in Betrieb genommen wurde, war die »Molkenkur« das ideale Ausflugsziel für Heidelberger und Touristen.

GEDENKSTEIN

Von der Terrasse aus gehen wir links um das Gebäude herum. Kurz vor der Abfahrt auf die Straße entdecken wir im Gebüsch auf der rechten Seite einen **STEIN**, der auf die sogenannte **OBERE BURG** verweist, die bis zum Jahre 1537 an dieser Stelle stand. Sie merken sicher schon: Die Heidelberger lieben Gedenksteine ...

WISSENSWERT

Die Heidelberger und ihre Gedenksteine Im Heidelberger Stadtwald gibt es tatsächlich 769 dieser Steine, die ab den 1880er Jahren als Wegweisersteine aufgestellt wurden, sozusagen eine Art spätromantisches GPS-System. Ein Ausschuss des Stadtrates aus dieser Zeit, der sich mit der Errichtung und Setzung der Steine befasste, nannte sich Waldkommission, der Vorsitzende war der »Waldmeister«. Heute gibt es eine Initiative von engagierten Heidelbergern, die diese Steine liebevoll pflegen und renovieren.

Heidelberg findet seine erste schriftliche Erwähnung in einer Urkunde des Klosters Schönau aus dem Jahre 1196, aber man kann davon ausgehen, dass die Stadt um einiges älter ist. Es war wahrscheinlich Konrad von Hohenstaufen, ein Halbbruder Kaiser Friedrich Barbarossas, der sich entschloss, zwischen Königstuhl und Heiligenberg eine Stadt anzulegen (Kelten und Römer waren schon auf die gleiche Idee gekommen). Gute 130 Jahre später – die Wittelsbacher waren nun die Herrscher der Region und Pfalzgrafen bei Rhein – ist im Hausvertrag von Pavia zu lesen: »Heidelberch, die obern und nidern burch und die stat.« 1527, im »Calendarium Hebraicum« des Sebastian Münster, ist diese obere Burg in der ersten bildlichen Darstellung Heidelbergs ganz klar zu erkennen. Sie diente bis 1537 als Wachtposten und Pulvermagazin, und man muss kein Chemiker sein, um zu wissen, was passiert, wenn in ein Pulverfass der Blitz einschlägt...

Die alte Bergbahn

Wenn Sie nun um das Haus herumgelaufen sind, sehen Sie eine kleine Treppe, die Sie wieder auf die Aussichtsterrasse und damit zu der großen Treppe zur Bergbahn zurückführt. Wir gehen nun zur Bahnstation, und setzen die Reise fort.

Die Fahrt mit der alten Bergbahn hat wahrlich mehr den Charakter einer Reise als den eines Transports von unten nach oben. Genauso waren schon vor über 110 Jahren Gäste wie Sie unterwegs, um »Heidelberg von oben« zu erleben und frische Luft auf Bergeshöh' zu atmen. Versuchen Sie beim Einsteigen in den Waggon einen Platz ganz oben unterhalb des Bahnführers zu bekommen (auf der Rückfahrt am besten ganz unten oberhalb des Fahrers), so sind Sie hautnah dabei und können die Steigung so richtig wahrnehmen. Ratschläge und Tipps, aber auch Verhaltensanleitungen für die Fahrt mit der Bergbahn gab es bereits zur damaligen Zeit. Die HSB (Heidelberger Straßen- und Bergbahn AG), die Betreiber der Bahn ist, hat auf ihrer Internetseite fol-

Blick in die Rheinebene

Falknerei Tinnunculus

gende Anweisung aus den frühen Jahren veröffentlicht.

Mit einer Geschwindigkeit von zwei Metern pro Sekunde zuckeln wir nun bergaufwärts und können Pflanzen, Flechten und Waldfrüchte (Hände weg von den Tollkirschen!) genau betrachten. Nach dem Eintreffen auf dem Königstuhl öffnet uns der Bahnführer, ganz im alten Stil, die Türen. Ausstieg ist dieses Mal auf der linken Seite. Sobald Sie aus der Station herauskommen, haben Sie linker Hand den ersten Blick auf und in die **RHEINEBENE**. Biegen Sie jedoch nach rechts ab und gehen dann den »Buckel« links hoch.

»Damen, die mit zu weit vorstehenden unverdeckten Hutnadelspitzen die Wagen oder die Warteräume betreten, sind in höflicher Weise darauf aufmerksam zu machen, dass sie durch die Nadeln die anderen Fahrgäste gefährden und nach der polizeilichen Verordnung von der Beförderung oder von dem Aufenthalt in den Warteräumen ausgeschlossen sind!«

An der **AUSSICHTSTERRASSE** angekommen, gönnen wir uns Zeit für den Blick in die Weite. Direkt unterhalb des Platzes hat man den Wald gerodet, um für die Kurpfälzer Gleitschirmflieger eine ideale Startbahn zu schaffen, die dann auf der Wiese unterhalb von Stift

Neuburg in Ziegelhausen landen. Wir folgen dem Weg weiter nach oben, vorbei an der Gaststätte, bis wir auf der linken Seite auf die Falknerei **TINNUNCULUS** treffen.

Während der Vorführung erfährt man so einiges über Uhus, verschiedene Falkenarten und einen Adler – welcher wird hier aber nicht verraten, denn das sollen die Zuschauer erst einmal selbst erraten. Eine nicht nur unterhaltsame, sondern durchaus lehrreiche Veranstaltung für Groß und Klein, bei der man im Vergleich zu anderen Flugschauen auch aktiv eingebunden wird. Ehe Sie sich versehen, haben Sie vielleicht sogar einen Falknerhandschuh samt Piepmatz auf der Hand.

Von hier aus können wir nun einen kleinen Rundweg beginnen, der uns am **FERNSEHTURM** vorbei zunächst bis an eine Holztafel führt, die uns eine Vielzahl von Wanderwegen auf und um den Königstuhl herum präsentiert. Je nach Bewegungsdrang steht es Ihnen ab hier offen, zu einer längeren oder kürzeren Wanderung aufzubrechen.

Mein Vorschlag hierfür wäre ein Besuch im **ARBORETUM** und auf das **KOHLHOF-AREAL** – praktisch ist, dass man hier auch die Buslinie 39 nutzen kann.

Um sich aber nur erst einmal einen Überblick zu verschaffen, wenden wir uns an der Tafel nach rechts und gehen den Weg entlang leicht bergab in Richtung **MÄRCHENPARADIES**, einem Freizeit- und Vergnügungspark für die ganz Kleinen. Der Name ist Programm: In Schaukästen erwachen Märchenfiguren auf Knopfdruck zum Leben, und kleine Nasen drücken sich an den Scheiben platt. Eine Parkeisenbahn, Wasserspiele, eine Dra-

Tinnunculus Heidelberg
Königstuhl 2a
69117 Heidelberg
Tel.: 06221-485936
Mobil: 0173-3067007
www.tinnunculus-heidelberg.de
Flugvorführungen: 1. Apr. – 29. Okt., tägl. außer Mo. 11.30 Uhr und 15.30 Uhr, 30. Okt. – 31. März geschlossen
Anfahrt: Bergbahn, Bus 39, Haltestelle Königstuhl
Eintritt: Erwachsene: 9 €, Kinder: 7 €

Heidelberger Märchenparadies
Königstuhl 5a
69117 Heidelberg
Tel.: 06221-23416
www.maerchen-paradies.de
Öffnungszeiten: Tägl. 10 – 18 Uhr in der Hauptsaison (witterungsbedingt!), Nov. – Ende Feb. geschlossen
Eintritt: Kinder (2 – 12 Jahre) 7 €, Erwachsene (ab 13 Jahre) 8 €
Anfahrt: Bergbahn, Bus 39, Haltestelle Königstuhl

Die Sternwarte auf dem Königstuhl

chenburg und unendlich vieles mehr, was Kinderherzen höher schlagen lässt, verbirgt sich hinter den Pforten, die im Winter leider geschlossen haben.

Ein paar 100 Meter weiter die Straße hinunter und auch gut beschildert befindet sich das Gelände der **LANDESSTERNWARTE**. Wahrscheinlich werden Sie vor verschlossenen Türen stehen, wenn Sie sich nicht zu einer Führung angemeldet haben. Aber zumindest ist diese Tür ein wunderschönes schmiedeeisernes Tor mit einer goldenen Sonne, Mond und Sternen, und der kurze Weg lohnt sich allein schon dafür.

Landessternwarte
Königstuhl 12
69112 Heidelberg
Tel.: 06221-541700
www.lsw.uni-heidelberg.de
Führungen und Öffnungszeiten: auf Anfrage

Hier machen wir nun eine 180-Grad-Wende und laufen den gleichen Weg wieder zurück. An der Straßengabelung haben wir jetzt die Möglichkeit, uns noch weiter in Himmelssphären zu bewegen. Dafür müssen wir nach rechts abbiegen und bis

Weg zum Haus der Astronomie

Den Sternen auf der Spur

zur nächsten Weggabelung gehen und den Schildern bis zum Haus der Astronomie folgen. Der Weg dorthin beträgt noch gute 800 Meter. »Einfach so« können Sie das **HAUS DER ASTRONOMIE** jedoch nicht besichtigen – Führungen, für die Sie sich im Vorfeld anmelden müssen, dauern an die zwei Stunden. Vielleicht möchten Sie ja noch einmal ohne einen längeren Spaziergang wiederkommen, mit dem Bus oder dem Auto.

Haus der Astronomie
MPIA-Campus
Königstuhl 17
69117 Heidelberg
Tel.: 06221-528160
(Sprechzeiten Mo. – Do. vormittags)
www.haus-der-astronomie.de
Derzeit sind in diesem Rahmen Führungen für Gruppen ab ca. 12 Personen möglich. Zur Buchung wenden Sie sich bitte per E-Mail an fuehrungen@hda-hd.de

Wir machen jetzt kehrt, laufen denselben Weg wieder bis zur Kreuzung zurück, und wählen dann den unteren Weg zurück zur Bergbahnstation. Falls Ihnen gerade eine Bahn vor der Nase weggefahren sein sollte, haben Sie glücklicherweise noch Zeit, sich das liebevoll eingerichtete kleine **BERGBAHNMUSEUM** der HSB anzuschauen. Eine alte Uniform, Haltestellenschilder, Holzsitze, Miniaturen – hier finden sich einige schöne Erinnerungsstücke aus der guten alten Zeit. Eine Etage tiefer

Bergbahnmuseum auf dem Königstuhl

liegt der **MASCHINENRAUM**. Interessant wird es da, wenn die Bahn sich in Bewegung setzt.

Falls Sie etwas länger für das Bergbahnmuseum gebraucht haben und Ihnen jetzt auch noch die zweite Bahn davongefahren ist, nutzen Sie die Zeit und nehmen Sie Platz in Heidelbergs schönstem regionalem Kiosk, dem **RIOSK**. Der Blick bis in die Pfalz jenseits des Rheins ist atemberaubend! Sollte Sie jetzt ein leichtes Hungergefühl befallen, sind Sie hier genau richtig: selbst gemachte Brote, gutes Heidelberger Bier, »Worscht, Weck un Woi«, fast alles regional – und die Aussicht gibt's »fer umme« dazu. Vielleicht fährt Ihnen ja noch eine Bahn vor der Nase weg ...

RIOSK Fuchsbau
Königstuhl
Öffnungszeiten: im Sommer tägl. 11 – 20 Uhr, im Winter tägl. 11 – 17.30 Uhr
www.riosk.de

Jetzt geht es wieder hinunter nach Heidelberg, erst mit der historischen Bahn, dann mit der neuen. Vielleicht möchten Sie die Rückfahrt ja am Schloss unterbrechen, dort noch etwas verweilen und dann zu Fuß die Tour über den Burgweg oder den »Kurzen Buckel« beenden.

Anstrengend war sie nicht, diese Bergerkundung, aber wie sagt man hier: »Schä war's!«

KULINARISCHER STREIFZUG DURCH DIE HEIDELBERGER ALTSTADT

Gestalten Sie diesen Spaziergang der besonderen Art wie Ihre eigene Lieblingsspeisekarte: Ich zeige Ihnen, wo es lang geht, und Sie genießen, wonach Ihnen gelüstet – alla hopp, es ist angerichtet!

Liebe geht eben doch durch den Magen ...

Start: Bergbahnstation **Ziel:** »Güldenes Schaf«, Hauptstraße 115
Dauer: ca. 1 Stunde **Länge:** ca. 1,5 km
Strecke: zwei minimale Steigungen, altes Kopfsteinpflaster
Anfahrt: Buslinien 33 und 35, Haltestelle Neckarmünzplatz

Kulinarischer Streifzug durch die Heidelberger Altstadt

Start

Nach der langen, anstrengenden Anreise mit dem Linienbus kann man sich ruhig erst einmal ein kühles, leckeres, frisch gebrautes Bier gönnen und darum sind wir auch schon auf dem richtigen Weg zur ersten Station dieses kulinarischen Streifzuges: zum **ROTEN OCHSEN**. Dort erwartet uns regionale badische Küche. Wir gehen von der Haltestelle an der **BERGBAHNSTATION** ein kurzes Stück bis zur Karlstraße, in die wir nach rechts einbiegen. Schon sieht man den **KARLSPLATZ**, den wir überqueren und gleich auf der gegenüberliegenden Seite das »gelobte Land« erspähen.

Interessant

Neben der Badischen Flagge schmückt sich der »Rote Ochse« auch mit einer Hamburger und einer Schweizer Fahne als Zeichen und in Erinnerung an die lange Tradition von Generationen hanseatischer und Schweizer Studierenden, die im »Roten Ochsen« meist ein zweites Zuhause gefunden hatten. An dieser Stelle muss übrigens erwähnt werden: Wir befinden uns im Bundesland Baden-Württemberg, zuvor Großherzogtum Baden und davor bis 1803 Kurpfalz. 1952 wurden die Badener (wenn Sie jetzt sagen: »Heißt das nicht Badenser?«, schicke ich Sie mit dem nächsten Zug auf die Schwäbische Alb!) mit Württemberg nach einem Volksentscheid zu ihrem Leidwesen im neuen Südweststaat vereint. Sitzt man nun des Abends zum Beispiel hier im »Roten Ochsen« beisammen, ertönt irgendwann die Hymne der Badener, das »Badnerlied«, das zumindest von den anwesenden Heidelbergern/Badenern inbrünstig mitgesungen wird. Und das geht so:

»Das schönste Land in Deutschlands Gau'n,
das ist mein Badner Land.
Es ist so herrlich anzuschaun
und ruht in Gottes Hand.
Refrain:
D'rum grüß ich dich mein Badnerland,
du edle Perl' im deutschen Land, deutschen Land.
frisch auf, frisch auf; frisch auf, frisch auf;
frisch auf, frisch auf mein Badnerland.«

Das Badener Wappen

DER ROTE OCHSEN

Roter Ochsen

Der »Rote Ochsen« befindet sich seit sechs Generationen in Besitz der Familie Spengel. Die Bilder und Briefe an den Wänden zeugen von illustren Gästen wie dem Eisernen Kanzler Otto Fürst von Bismarck, Mark Twain oder Mamie Eisenhower. In den Gästebüchern, die wie Schätze verwahrt werden, findet man die freundlichen Erinnerungsbezeugungen von Marilyn Monroe, John Wayne, John Foster Dulles und, schon lange vorher, deutscher Schauspielgrößen wie Heinrich George. Letzterer stand bei den Schlossfestspielen 1938 als gefeierter Götz von Berlichingen auf der Bühne. Eine Paraderolle, nach deren Titel er seinen neugeborenen Sohn benannte.

Weiter geradeaus geht es entlang der Hauptstraße am **SEPP'L**, einem weiteren historischen Studentenlokal, vorbei. Linker Hand haben wir einen wunderschönen Blick auf das **SCHLOSS**, rechts laufen wir entlang des hellgelben Gebäudes am **GERMANISTISCHEN SEMINAR** der Universität, dem **PALAIS BOISSERÉE**, vorbei. Anfang des 19. Jahrhunderts hatten die Gebrüder Sulpiz und Melchior Boisserée aus Köln hier eine bedeutende Kunstsammlung zusammen getragen, die, als sie sie 1827 an König Ludwig I. von Bayern verkauften, den Grundstock der Alten Pinakothek in München bildete. Der Erlös des Verkaufs floss in die Vollendung des Kölner Doms Mitte bis Ende des 19. Jahrhunderts.

An der nächsten Straßenecke biegen wir rechts in die Mönchgasse ein und wechseln

Roter Ochsen
Hauptstraße 217
69117 Heidelberg
Tel.: 06221-20977
www.roterochsen.de
Öffnungszeiten:
Apr. – Okt. Mo. – Fr.
11 – 14 Uhr und
17 – 23 Uhr, So. Ruhetag; Nov. – Mär. Mo. – Fr.
17 – 23 Uhr, So. Ruhetag

TIPP

Probieren Sie mal den Odenwälder Mostbraten mit Rotkraut und hausgemachten Knödeln – ein Spengel-Rezept, bei dem Ihnen das Wasser im Mund zusammenlaufen wird!

ALTSTADTCAFÉ

LA DOLCE VITA HEIDELBERGENSIS

gleich auf die andere Straßenseite. Vorher aber unbedingt noch einmal nach links schauen: Das Schaufenster des **CAFÉ GUNDEL** ist die süßeste Verlockung, die man in diesem Teil der Altstadt finden kann: Kuchen, Küchlein, Plätzchen, Kekse, Süßes, Salziges und alles immer passend zur entsprechenden Jahreszeit. Herrlich!

KURIOS

Übrigens: Im Fenster wird man mit verschiedenen Schokoladen überzogene Teigkugeln finden, die sich »Heidelberger Kurfürstenkugel« nennen. Ein Kollege, der mit amerikanischen Gästen unterwegs war, zeigte auf das Fenster und sprach die seither legendären Worte: »... and here you see the Prince Elector's balls ...«

Wir gehen nun die Mönchgasse ungefähr 30 Meter hinunter, biegen dann nach links in die Heiliggeiststraße ab und folgen ihr, bis diese in den **MARKTPLATZ** zwischen dem **RATHAUS** zu unserer Linken und der **HEILIGGEISTKIRCHE** gegenüber mündet. Bistros, Cafés, Bars und kleine Restaurants haben hier ihre Tische und Schirme aufgestellt. Man sitzt in der Sonne, so sie denn scheint, und es ist hier wie auf allen zentralen Plätzen: sehen und gesehen werden!

Wir halten uns auf der rechten Seite des Platzes, quasi immer an der Wand entlang, bis wir unterhalb der Heiliggeistkirche rechts in die Steingasse abbiegen. Nirgendwo sonst in der Stadt gibt es so viele Gastronomiebetriebe auf so engem Raum, dass man, sollten man sich zu einer ausführlichen »Testbegehung« entschließen, die nächsten paar Tage beschäftigt sein würde.

Die **TRATTORIA TOSCANA** direkt an der Ecke zur Steingasse hat außerhalb ihrer Gasträume den wahrscheinlich romantischsten Tisch in der ganzen Altstadt zu bieten. Diesen lauschigen Alkoven mit Wandmalereien an der nördlichen Seite der Heiliggeistkirche müssen Sie allerdings einige Zeit im Voraus reservieren. Eine rot-weiß karierte Tischdecke, Kerzenschein, köstlicher Wein oder »ä Vertele« und der oder die Herzallerliebste gegenüber – traumhaft!

Trattoria Toscana
Marktplatz 1
69117 Heidelberg
Tel.: 06221-28619
Öffnungszeiten:
tägl. 11 – 23 Uhr

Im Verlauf der Steingasse trifft man unter anderem auf das **BRAUHAUS VETTER**, das es mit seinem Bier VETTER 33, nach Reinheitsgebot gebraut und 33% Stammwürze, 1994 ins Guinnessbuch der Rekorde geschafft hat. Im Jahre 1838, als es noch 38 Brauereien in Heidelberg gab, wäre ein solch starkes Getränk im wahrsten Sinne des Wortes »der Hammer« gewesen. Vetters Alt Heidelberger Brauhaus entstand 1987 wahrlich aus der Leidenschaft zum Bier und ist heute bei Heidelbergern und internationalen Gästen außerordentlich beliebt. Das naturtrübe Bier, der Klassiker, kann man in 1l-Flaschen mitnehmen, und je nach Saison gibt es ein dunkles Hefeweizen, Märzen, Maibock oder Weihnachtsbier.

Vetters Alt Heidelberger Brauhaus
Steingasse 9
69117 Heidelberg
Tel.: 06221-165850
www.brauhaus-vetter.de
Öffnungszeiten:
tägl. ab 11.30 Uhr

HACKTEUFEL

JENS MEIER MIT DEN »KÖNIGLICHEN« LOLLIS

Und dann kommt auch schon der **HACKTEUFEL**, der zu Heidelberg gehört wie die gleichnamige Granitverwerfung im Neckar kurz vor der Schleuse. Bis vor knapp 100 Jahren blieben die Lastkähne neckarauf- wie neckarabwärts hängen und fanden hier ihr Verderben.

Hackteufel
Steingasse 7
69117 Heidelberg
Tel.: 06221-905380
www.hackteufel.de
Öffnungszeiten: tägl.
11.30 – 22.30 Uhr

Casa del Caffé
Steingasse 8,
69117 Heidelberg
Tel.: 06221-29969
www.casa-del-caffe.de
Öffnungszeiten:
Mo. – Do. 7 – 1 Uhr,
Fr. und Sa. 7 – 3 Uhr,
So. 8 – 1 Uhr

Die Weinstube mit ausgezeichneter kurpfälzer Küche, sehr gemütlichem Ambiente und freundlichem Service verheißt nur das Beste an regionalen kulinarischen Freuden. Besonders gemütlich sitzt man in einer der beiden Nischen und im Sommer mitten »uff der Gass«, wo man das bunte Treiben in dieser belebten Altstadtgasse ganz entspannt beobachten kann. Und sehr praktisch: Im »Hackteufel« kann man auch übernachten!

Schräg gegenüber vom »Hackteufel« geht es gleich weiter mit dem **CASA DEL CAFFÉ** von Rudolf Miltner, Treffpunkt für alle, die den perfekten Milchschaum suchen (und hier auch finden!), eine Kleinigkeit verzehren, in Ruhe die Zeitung lesen oder abends einfach noch einen Absacker zu sich nehmen möchten. Die Öffnungszeiten sind genial, was bedeutet, dass eigentlich immer geöffnet ist.

Gleich neben dem »Casa del Caffé« fällt der Blick sofort auf einen Laden, der nicht nur Kinderherzen höher schlagen lässt: die **BONBONMANUFAKTUR HEIDELBERG**. Leckere handgemachte Bonbons in hübschen Dosen und Tütchen, Lollis »wie die, wo es früher immer gab«, lauter nette süße und auch nicht so süße Geschenkideen, oder einfach ein Bonbon für »am Schluss«. Innen findet man außerdem auch die zauberhafte Zuckerküche, in der man Jens Meier beim Bonbonmachen zuschauen kann.

Übrigens: Der Heidelberger Bonbonmacher könnte sich beinahe »Königlicher Hoflollibereiter« nennen, denn im Juni 2017 haben der damalige Herzog und die Herzogin von Cambridge, aka William und Kate, bei ihrem Heidelbergbesuch unter Jens' Anleitung royale Lollis produziert.

Kurios

Wir setzen unseren Weg bis zum Ende der Steingasse fort, vorbei an Heidelbergs bestem Sushi-Lokal, dem **SAME SAME**, bis ganz vorne links am Ende zum **GOLDENEN HECHT**. Johann Wolfgang von Goethe, der insgesamt acht Mal in Heidelberg weilte, wollte hier während seines dritten Aufenthaltes im Jahre 1797 übernachten, musste jedoch leider abgewiesen werden, da man ausgebucht war. An einer Wand im Inneren des Restaurants steht daher geschrieben: »Hier hätte Goethe beinahe übernachtet!« Welch Glück sind seither über 200 Jahre vergangen, sodass

»Hier hätte Goethe beinahe übernachtet«

man einfach vorher anrufen, ein Zimmer und ein Bett reservieren kann und das genießen, was dem Geheimen Rat entgangen ist: eine Nacht direkt an der Alten Brücke in Heidelberg und ein köstliches Abendessen in einem der vielen netten Restaurants hier im oberen Altstadtbereich.

Wenn man am »Goldenen Hecht« nach links abbiegt, am Eingang des **HOTELS HOLLÄNDER HOF**, einem weiteren Heidelberger Traditionshaus mit ausgesprochen nettem Service, vorbeispaziert, stößt man auf das **WIRTSHAUS ZUM SPREISEL**. Fast schon berühmt sind die handgeschriebenen Speisekarten mit kurpfälzischen und überregionalen Köstlichkeiten. Innen ist der »Spreisel« komplett aus altem Schwarzwälder Holz ausgestattet, das von ehemaligen Bauernhäusern wiederverwertet wurde – urig und gemütlich!

Wirtshaus zum Spreisel
Neckarstaden 66
69117 Heidelberg
Tel.: 06221-23543
Öffnungszeiten:
Mo. – Fr. 17 – 24 Uhr
(Küche bis 23 Uhr)
Sa. und So. jeweils
12 – 15 und 17 – 24 Uhr
(Küche bis 23 Uhr)

Gegenüber des »Spreisels« in der Haspelgasse sticht sofort ein Haus mit vielen Fahnen ins Auge – das **SCHNOOKELOCH**. Das letzte der drei historischen Studentenlokale, mit denen Heidelberg aufwartet und das einzige, das einen kleinen Biergarten an heißen Sommertagen zu bieten hat.

Im Schnookeloch

Gehen Sie einfach hinein und schauen, wo sich korporierte Studenten auf ein Bier treffen und noch heute ihre Initialen oder die Insignien ihrer Verbindung in die Tische schnitzen. Paniere an den Wänden, verblichene Fotografien, die von jahrzehntelanger Tradition erzählen – hier ist man mittendrin.

In der Haspelgasse geht es weiter geradeaus, und gleich steht man auf der rechten Straßenseite vor dem Haus des **STUDENTENKUSSES**, der ältesten Schokoladenmanufaktur Heidelbergs.

Der Heidelberger Studentenkuss

Die älteste Schokoladenmanufaktur Heidelbergs 1863, als es nur jungen Männern gestattet war, ein Studium an der Universität zu absolvieren, und jungen Damen eine Erziehung an höheren Töchterschulen vorbehalten war, hatte Fridolin Knösel eine Idee, für die jeder Marketingexperte der Neuzeit eine Doktorwürde verliehen bekäme – honoris causa, versteht sich!

Seine Pralinenkreation aus dunkler Schokolade, Nougat, Sahne und einer hauchdünnen Waffel wird heute noch von Hand in der Manufaktur des Anwesens nach Originalrezept fast täglich frisch produziert. Und das Beste daran ist: Zur damaligen Zeit waren Kalorien noch nicht die klein gedruckten Teufel auf der Rückseite einer kulinarischen Köstlichkeit und de facto nicht existent. Die jungen Leute in der Biedermeierzeit hatten es wahrlich nicht einfach, miteinander in Kontakt zu treten: Eine aus unserer heutigen Sicht verstaubte gesellschaftliche Ordnung und eine stets anwesende Gouvernante konnten einem so richtig die Lust an der Lust vermiesen. Fridolin Knösel hatte ein großes Herz und vor allem Mitgefühl mit den jungen Liebenden und taufte sein süßes Naschwerk auf den Namen »Heidelberger Studentenkuss«. Der junge Mann konnte ihn kaufen, ihn im Café durch die Be-

SÜSSES

dienung an den Tisch seiner Angebeteten bringen lassen oder gar selbst und sogar in Gegenwart der Gouvernante dieses hübsche, kleine und so harmlose Präsent überreichen. Vielleicht fand sich irgendwo gar ein kleiner Zettel versteckt – den romantischen Überlegungen sind keine Grenzen gesetzt.

Bis heute steht er als süßes Symbol der Heidelberger Romantik und ist das perfekte Souvenir für alle, die ein Stück Heidelberg verschenken möchten.

Heidelberger Studentenkuss
Haspelgasse 16
69117 Heidelberg
Tel.: 06221-22345
www.studentenkuss.com
Öffnungszeiten:
Di. – So. 11 – 18 Uhr,
montags geschlossen

Die Untere Straße, die nun nach links abbiegt, hat so ziemlich alles zu bieten, was ein Nachtschwärmer sich wünscht: viele Kneipen, Bars, Cafés … Und das alles in einer Straße, die nicht breiter als vier Meter ist. Wir folgen ihr bis zum Ende, und nehmen uns so viel Zeit dafür, wie wir möchten: Es dauert eben so lange, wie es dauert!

An ihrem Ende halten wir uns links und folgen dann der Hauptstraße in westlicher Richtung weiter. Zu unserer Linken passieren wir den Universitätsplatz und laufen immer weiter, bis wir nach ca. 100 Metern vor der Möglichkeit stehen, eine Weltreise zu beginnen.

Südseezauber im HIP-Hotel

Auf Heidelberger Geschichte und die Kurpfalz trifft man komprimiert im **GÜLDENEN SCHAF**. Das barocke Stadthaus steht ganz im Zeichen hiesiger Tradition, was man sofort beim Eintreten bemerken wird. Gemütlich und historisch gespickt das Ambiente, liebevoll vereint durch rustikale Kurpfälzer Küche, das Ganze verteilt auf fünf verschiedene Bereiche und ein lauschiger Biergarten machen den Besuch nicht nur zu einem leckeren Erlebnis.

Spätestens jetzt sollte man sich entscheiden, mindestens eine Nacht in Heidelberg zu verbringen. Das dem »Güldenen Schaf« angegliederte **HIP-HOTEL** hat das Wunder fertiggebracht, die ganze Welt in 27 Zimmer zu bringen, eines schöner als das andere: Marrakesch, Zermatt, Ottowa, Down Under oder Malolo – bei uns ist eben (fast) alles möglich!

Güldenes Schaf und HIP-Hotel
Hauptstraße 115
69117 Heidelberg
Tel.: 06221-20879
www.schaf-heidelberg.de
www.hip-hotel.de
Öffnungszeiten Restaurant: tägl. 11 – 23 Uhr

event & eventchen Heidelberg
Am Kronenburger Hof 17
69221 Dossenheim
Tel.: 06221-8673580
www.eventchen-heidelberg.com
Termine: zweimal im Monat immer samstags, Beginn: 17.30 Uhr, aktuelle Termine im Internet
Dauer: 3 Stunden
Länge: ca. 2 km
Preis: 98 € pro Person

Und genau hier endet der kulinarische Streifzug durch die Heidelberger Altstadt. Jetzt ist es an Ihnen sich zu entscheiden, wo es hingehen soll!

Sie können sich aber auch ganz bequem kulinarisch führen lassen. Innerhalb von drei Stunden entdeckt man im Rahmen einer besonderen Stadtführung die Altstadt auf die schmackhafte Art und Weise: ein Aperitif, von Badischer Sonne verwöhnt, ein regionales Drei-Gang-Menü, drei magische Elixiere, Poesie und Süßes am Ende, all das fertig geschnürt und verpackt zum sofortigen Genuss.

Ein regionaler »Schriesecco«

9

Mein Schatz, der isch vun Hendesse,
Der hot e schäi Gemisehändele
Der hot in grouße Goode
Baut Schdeckzwiwwel un Dumoode
Und Boune hot er aa,
dirallalaa, dirallalaa…

Aus dem »Hendsemer Lied«, der »Hymne« aller Hendsemer

AUF NACH HENDESSE

Durch Neuenheim entlang der Bergstraße nach Handschuhsheim

Start: Alte Brücke
Ziel: Haltestelle Burgstraße
Dauer: ca. 1,5 Stunden
Länge: ca. 5 km
Strecke: größtenteils eben, gute Wege
Anfahrt: Buslinie: 35 Haltestelle Alte Brücke, Bahnen: 5 und 23 Haltestelle Bismarckplatz

BLICK VOM LEINPFAD

START

WISSENSWERT

Liebe Heidelberger der anderen 14 Stadtteile! Nehmen Sie es mir nicht übel, Heidelberg ist eine rundherum schöne Stadt, aber die wohl bevorzugtesten Stadtteile – wenn man mal einen Blick auf die Immobilienpreise wirft – sind eindeutig Neuenheim und Handschuhsheim auf der nördlichen Seite des Neckars gelegen. Dort, wo der Altstadtrundgang geendet hat, mitten auf der Alten Brücke, beginnt der Spaziergang nach Handschuhsheim, von alten Heidelbergern meist nur Hendesse genannt. Und wenn es Ihnen gelingen sollte, die erste Strophe des obenstehenden alten Handschuhsheimer Liedes aus kurpfälzischer Mundart in akzentfreies Hochdeutsch zu bringen, dann sind Sie schon auf dem richtigen Weg zu dem, wofür Handschuhsheim auch heute noch bekannt ist: seine fruchtbaren Äcker in der Rheinebene.

Wir überqueren die Brücke in nördlicher Richtung, biegen, unten angekommen, nach links ab und nehmen sogleich die Stufen, die hinunter zum Neckar führen. Genießen Sie nun jeden einzelnen Schritt auf dem **LEINPFAD**, der Sie neckarabwärts parallel zur oben verlaufenden Neuenheimer Landstraße Richtung **THEODOR-HEUSS-BRÜCKE** führt.

Nach knapp 100 m sticht oben an der Straße ein hellgelbes Haus hervor, das **HEIDELBERG-COLLEGE**, die älteste Privatschule der Stadt, gegründet 1887, und die älteste nicht-kirchliche Privatschule Baden-Württembergs.

1906 verschmolz das Heidelberg College mit dem älteren Neuenheim College. Das Neuenheim College besuchten die beiden Söhne von Oscar Wilde, nachdem ihr Vater in England 1895 zu einer zweijährigen Zuchthausstrafe verurteilt worden war. Über seine Heidelberger Zeit schreibt Vyvyan Holland, der Sohn von Oscar Wilde, in einem Buch, das 1954 anlässlich des 100. Geburtstages seines Vaters erschien.

Auf der gegenüberliegenden Altstadtseite erkennt man das **ZEUGHAUS MARSTALL**, ein aus dem späten Mittelalter stammendes unter Kurfürst Ludwig V. erbautes Bollwerk zur Unterbringung von »Kriegsgerätschaften« – eine Art Waffenarsenal – und der kurfürstlichen Stallungen. Seit fast 100 Jahren ist dort eine der drei **MENSEN** der Universität untergebracht, was die Studie-

TIPP

Achtung bei Hochwasser! Wir sind zwar nicht in den USA mit manchmal etwas skurrilen Verbraucherklagen, nichtsdestotrotz weise ich Sie hiermit darauf hin, dass es sich nicht empfiehlt, den Leinpfad bei Hochwasser zu betreten! Von Betreten kann auch nicht die Rede sein – das Gelände ist dann unter Wasser, und der Neckar macht seinem keltischen Namen »Wilder Geselle« alle Ehre. Spazieren Sie in diesem Falle entlang der Neuenheimer Landstraße!

Biergarten »Zum Achter«

Mithräum aus dem 2. Jahrhundert

renden früher zu dem Ausspruch veranlasste: »Was früher die Pferde bekommen haben, essen jetzt wir…!« Dass das sicherlich nicht der Fall ist, zeigt die Auszeichnung, die die Marstallmensa wiederholt in Folge bekommen hat: Sie wurde von Studierenden zur beliebtesten Mensa Deutschlands gewählt!

Kurz vor der **THEODOR-HEUSS-BRÜCKE** wird der Leinpfad etwas breiter und geht langsam in das **NAHERHOLUNGSGEBIET** der Neckarwiese über. Auf Höhe des Heidelberger **RUDERCLUBS 1872 E.V.** verlassen wir Leinpfad und Neckarwiese und überqueren die Uferstraße. Vielleicht haben wir Glück und können einen Blick auf die Boote des Heidelberger Ruderklubs werfen, der zugleich auch der älteste Rugbyverein Deutschlands ist.

Es ist zwar noch etwas früh, um eine Pause einzulegen, sollte Ihnen aber danach sein, geben Sie Ihrem Hunger- oder Durstgefühl einfach nach. Das Klubrestaurant

Klubrestaurant des HRK 1872 e.V. Zum Achter
Neuenheimer Landstr. 31
69120 Heidelberg
Tel.: 06221-418702
Öffnungszeiten: Mo. – Sa. ab 17 Uhr, So. und feiertags ab 11 Uhr, Biergarten geöffnet ab Apr. tägl. außer montags

des HRK **ZUM ACHTER** befindet sich genau oberhalb der Klubräumlichkeiten, hat eine schöne überdachte Terrasse mit Blick auf Schloss und Neckar und ab April einen Biergarten an der Neckarwiese. In der Küche legt man Wert auf regionale Produkte, wie Handschuhsheimer Gemüse und Salate, das Fleisch kommt von einem Neuenheimer Metzgermeister und einem nahegelegenen Geflügelhof.

Wir gehen nun das kleine steile Stück der Bergstraße hinauf bis zur Neuenheimer Landstraße und überqueren diese am Zebrastreifen. Bevor wir dem Verlauf der Bergstraße in nördlicher Richtung weiter folgen, laufen wir einige Meter nach rechts bis zur Bushaltestelle, neben der sich, an der Steinmauer befestigt, eine **TAFEL** befindet, die an den Fund eines römischen Mithräums aus dem 2. Jahrhundert n. Chr. erinnert. Dieser Fund belegt, dass neben der Verehrung anderer römischer Gottheiten auch der mystische Kult um den aus dem Persischen stammenden Lichtgott Mithras im damaligen Heidelberg vertreten war. Im Kurpfälzischen Museum der Stadt Heidelberg findet sich in der archäologischen Abteilung eine lebensgroße Nachbildung, die zu den Attraktionen des Museums gehört.

Geschichte

Jetzt machen wir eine Kehrtwende, laufen zurück am **RIVER CAFÉ** vorbei und folgen dann rechts dem Verlauf der Bergstraße. Auf beiden Seiten der Straße wird man wunderschöne Häuser und Gärten aus der Gründerzeit entdecken, aber auch zwischendrin immer mal wieder einen Neubau. Die urbane Nahverdichtung macht auch vor romantischen Heidelberger Grundstücken keinen Halt …

Nach ca. 800 m, in dessen Verlauf es langsam aber ste-

Jugenstilfenster

Verstecktes Kleinod

Villa Krehl

tig bergauf geht, kommen wir an die Ecke Blumenthalstraße – das ist die Grenze zu **HANDSCHUHSHEIM**, die wir hiermit überschreiten. Nach weiteren 200 m stößt man an die Kreuzung zum Hainsbachweg. Wir überqueren diese und finden gleich danach etwas zurückgesetzt auf der rechten Seite mit der Hausnummer 106 ein herrschaftliches von vielem Grün umwachsenes Anwesen – die **VILLA KREHL**.

Wissenswert

Die Villa Krehl Erbauen ließ sie im Jahre 1911 der Heidelberger Mediziner Ludolf von Krehl, der 24 Jahre lang das Universitätsklinikum leitete und 1930 nach seiner Emeritierung das Kaiser-Wilhelm-Institut für Medizinische Forschung gründete. An der nach dem Zweiten Weltkrieg in ein Max-Planck-Institut umbenannte Forschungseinrichtung arbeiteten seit seiner Gründung fünf Nobelpreisträger: Otto Fritz Meyerhof (1922 Physiologie), Richard Johann Kuhn (1938 Chemie), Walther Bothe (1954 Physik), Rudolf Mößbauer (1961 Physik) und Bert Sakmann (1991 Physik). Krehl und seine Gattin zogen nach dem Ersten Weltkrieg ins Gärtnerhaus um und stifteten die Villa als Internat für externe evangelische Schüler. Seit 1989 gehörte sie zur Schiller International University, die ihren Campus 2012 aber in die Bahnstadt verlegte. Heute ist die Villa Sitz des European Study Centers (ESC).

Von hier laufen wir noch ca. 200 m weiter bis zum Kapellenweg, in den wir links einbiegen und ihm bis zur Handschuhsheimer Landstraße in westlicher Richtung nach unten folgen. Hier nun rechts abbiegen und gemütlich weiter spazieren bis zur Pfarrgasse. Sie merken, dass sich die Architektur verändert hat – der dörfliche Charakter kommt hier im Gegensatz zu den Neuenheimer Villen an der Bergstraße ganz klar hervor.

Links biegen wir in die Pfarrgasse ein und kommen an deren Ende auf der rechten Seite zur **ST. VITUS KIRCHE**, der ältesten Kirche Heidelbergs. Günther Heinemann bezeichnet sie in seinem Werk »Heidelberg« als »das ländliche Gegenstück zur städtischen Peterskirche«.

Nehmen Sie sich die Zeit und schauen sich die St. Vitus Kirche in ihrem Innern genauer an: Im südlichen Eingangsbereich findet man kaum noch erkennbare Fresken aus dem 15. Jahrhundert und in der gotischen Seitenkapelle vier künstlerisch beeindruckende Doppelgrabmäler, unter anderem das der letzten Herren von Handschuhsheim, deren Geschlecht im Jahre 1600 erloschen ist.

Wir verlassen den Kirchhof in südlicher Richtung und gehen auf der Steubenstraße ca. 300 m auf die **TIEFBURG** zu, einer mittelalterlichen Wasserburg aus dem 12. Jahrhun-

WOCHENMARKT AN DER TIEFBURG

INTERESSANT

ST. VITUS KIRCHE

Der heutige Stadtteil Handschuhsheim fand seine erste urkundliche Erwähnung im Lorscher Codex im Jahre 765, kurz darauf 774 wird auch die Kirche das erste Mal erwähnt. Mitte des 11. Jahrhunderts entstand ein romanischer Bau, der Anfang des 13. Jahrhunderts erweitert und gegen Ende des 15. Jahrhunderts nach den Kriegen Friedrichs des Siegreichen, dem »Pfälzer Fritz«, teilweise im spätgotischen Stil umgebaut wurde. Von 1650 bis 1907 war St. Vitus Simultankirche, wobei die Katholiken den Chor und die Protestanten das Langhaus nutzten. Einen weiteren Umbau gab es in den 1930er Jahren durch den Heidelberger Architekten Fritz Sales Kuhn, der die Kirche nach Norden hin erweiterte und den alten gotischen Chor zur Seitenkapelle umfunktionierte, sodass die Kirche nun mit dem neuen Chor nach Norden und dem alten Turm im Westen da steht.

dert. Kurz davor kommen wir aber noch am **CAFÉ TIEFBURG** vorbei, das weit über Handschuhsheims Grenzen für seine köstlichen Kuchen, originellen Torten, jahreszeitliches Gebäck und feine Patisserie bekannt ist. Sie haben ja Zeit und sind jetzt auch schon ein Stück gelaufen, da ist bestimmt noch Platz für etwas Süßes, wobei man gerade an warmen Tagen sehr schön direkt vor dem Café mit Blick auf die Tiefburg und den gegenüberliegenden Grahampark sitzen kann.

St. Vitus Kirche

Die Tiefburg Obwohl viel kleiner, hat die Tiefburg mit einer ebenso ereignisreichen Geschichte wie der des Heidelberger Schlosses aufzuwarten – alles eben nur nicht so weltberühmt …

GESCHICHTE

Die Burg stand im Besitz der Edlen von Handschuhsheim, wobei bis heute nicht ganz nachvollziehbar ist, woher der klangvolle Name genau stammt. Vielleicht war es ja doch so, dass ein wunderhübsches Mägdelein einen zarten Handschuh verloren hat und dieser von einem unglaublich smarten und gut aussehenden Ritter in glänzender Rüstung gefunden wurde. Fortan suchte dieser mittelalterliche George Clooney in Blech nach dem »Heim des Handschuhs« und fand es schließlich samt der dazugehörigen jungen Dame, die er natürlich sofort freite und kurz danach ehelichte. Tragischer Weise verstarb der letzte Ritter, Hans von Handschuhsheim, in der Blüte seiner Jugend, nachdem er von Friedrich von Hirschhorn bei einem Kampf übelst verletzt worden war. Zu Erben wurden dann die Verwandten mütterlicherseits, die Grafen von Helmstatt, die ihrerseits auch manch schaurige Geschichte erleben mussten. Im Jahre 1770 entdeckte Johann Ferdinand Joseph von Helmstatt in einer zugemauerten Nische die Rüstung eines geharnischten Ritters, den man offensichtlich bei lebendigem Leib eingemauert hatte. Beim Öffnen des Gemäuers und der Rüstung soll der Körper des Unglücklichen zu Staub verfallen sein …

Café Tiefburg
Steubenstraße 78
69121 Heidelberg
www.cafe-tiefburg.de

Seit 1950 ist die Tiefburg im Besitz der Stadt Heidelberg. Der Stadtteilverein Handschuhsheim hat hier seinen Sitz, es findet jedes Jahr ein kleiner aber feiner **WEIHNACHTSMARKT**, die **HENDSEMER ART**, eine Ausstellung lokaler Künstler statt, und natürlich lockt die **HENDSEMER KERWE** unzählige Besuchende an.

Wir gehen nun rechts um die Tiefburg herum an der evangelischen **FRIEDENSKIRCHE** vorbei über die

EINKEHR IM WIESENWEG

Kreuzung der Kriegsstraße hinüber bis zur nächsten Querstraße, der Friedensstraße. Hier biegen wir nach links ab und gehen bis unten an die gut befahrene Dossenheimer Landstraße, dort nach rechts und bis zur Fußgängerampel vorlaufen. Knöpfchen drücken und bitte wirklich warten – der Verkehr ist zackig!

Anschließend überqueren wir die B3 und halten uns links, wobei wir durch die Mühlingstraße Richtung Handschuhsheimer Feld laufen. In die dritte Querstraße, den Wiesenweg, geht es rechts ein und schon ist man auf der Zielgeraden.

Linker Hand liegen die Äcker, für deren Produkte Handschuhsheim berühmt ist: Obst, Salat und frisches Gemüse, alles aus eigenem Anbau. Knappe 800 m laufen wir jetzt noch, vorbei am in ganz Heidelberg bekannten **HOFLADEN** der Gemüsegärtnerei Schlicksupp, bis wir bei zwei Ur-Handschuhsheimer Lokalen, beides Vereinsgaststätten, angekommen sind. Das ist zuerst der **KRODDEWEIHER** (zu deutsch: Krötentümpel) und die **ZÜCHTERKLAUSE** (zu deutsch: ach, vergessen Sie es ...). Der erstere gehört zu den Aquarienfreunden und der zweite zu den Kleintierzüchtern, dessen Geflügel, auch Hinkel oder Goggel genannt, oftmals schon von Weitem gut zu hören ist. Hier lässt es sich ausruhen und rasten und den Spaziergang in den Norden Heidelbergs noch einmal Revue passieren lassen, oder ganz einfach die Sonne über dem Handschuhsheimer Feld untergehen sehen.

Zur Bahnhaltestelle Burgstraße sind es nur 500 m. Gehen Sie nun wieder in die Richtung, aus der Sie gekommen sind, aber nur bis zum Beginn der Spielstraße auf der linken Seite. Hier den Wiesenweg verlassen und schnurstracks geradeaus durch die Tischbeinstraße laufen, bis man wieder auf der Dossenheimer Landstraße bzw. der B3 angekommen ist. Die Haltestelle befindet sich innerhalb einer Verkehrsinsel direkt gegenüber.

Sieht man zwar sofort, aber die Sache mit den Verbraucherklagen habe ich ja schon zu Beginn der Tour erläutert ...

OBSCHT UN' GEMIES AM WEGESRAND

10

QUEERTOUR HEIDELBERG

Kreuz und queer durch Heidelberg!

Die Geschichte queerer Menschen war geprägt von Verfolgung, Angst, Scham – und von Totschweigen. Auch in Heidelberg!

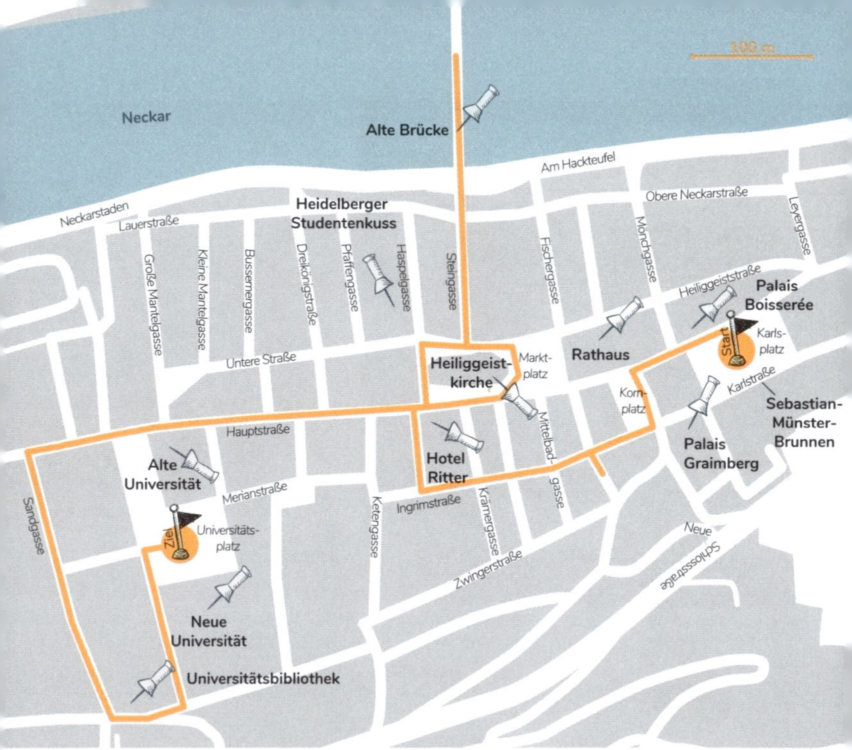

Start: Karlsplatz **Ziel:** Uniplatz

Dauer: ca. 1 Stunde **Länge:** 1,3 km

Strecke: größtenteils eben, oft jedoch durch altes Kopfstein-pflaster durchzogen

Anfahrt: Buslinie 33, Haltestelle Karlsplatz

Sebastian Münster

Sebastian-Münster-Brunnen

Beginnen wir mit diesem Spaziergang am **KARLSPLATZ**, dem östlichsten großen Platz in der Heidelberger Altstadt, benannt nach Großherzog Karl Friedrich von Baden, an dessen südlicher Seite sich das **PALAIS BOISSERÉE** und ihm genau im Süden gegenüber das ehemalige Großherzogliche Palais, die heutige **HEIDELBERGER AKADEMIE DER WISSENSCHAFTEN**, befinden.

In der Mitte sprudelt, wenn er denn jahreszeitbedingt sprudeln darf, der **SEBASTIAN-MÜNSTER-BRUNNEN,** benannt nach dem bekannten Schweizer Kosmographen, der 1527 die erste Stadtansicht als Holzschnitt anfertigte. Sie kennen Sebastian Münster nicht? Wetten dass...?

Unweigerlich geht auch hier wieder der Blick nach oben zum **HEIDELBERGER SCHLOSS**, das besonders an dieser Stelle nahezu über der Stadt zu schweben scheint. Geschichte ist zum Greifen nahe, Erinnerungen an Glanz und Gloria, Krieg und Verwüstung, Liebe und Leidenschaft – alles versammelt und vereint beim Anblick der weltberühmten Ruine. Gerade die Liebe ist es, die so vielseitig und voller Facetten das Leben der Menschen lebens- und liebenswert, aber auch unglücklich und leidvoll machen kann.

Liselotte von der Pfalz, die Tochter Kurfürst Carl Ludwigs, wurde 1671 aus Staatsraison mit dem Herzog Philippe d'Orléans, dem Bruder des Sonnenkönigs Ludwig XIV., verheiratet. Keineswegs eine Liebesheirat, wie die

HOMOSEXUALITÄT ALS SÜNDE

Der Begriff Homosexualität im heutigen Sinne existiert erst seit Ende des 19. Jahrhunderts, davor wurde sie als Sodomie bezeichnet. Bis Mitte des 13. Jahrhunderts galt Homosexualität zwar als »Sünde«, wurde jedoch nicht bestraft. Ab Mitte des 13. Jahrhunderts galt sie jedoch als Verbrechen, und in den meisten europäischen Ländern stand darauf die Todesstrafe. Eine gesetzliche Grundlage dafür schuf Kaiser Karl V. 1532 auf dem Reichstag zu Regensburg mit der Constitutio Criminalis Carolina (CCC), einer Gesetzesgrundlage, in der er Homosexualität als »wider der Natur« bezeichnete und aufgrund des Artikels 116 mit dem Feuertod bestraft werden sollte. Besagtes Strafgesetzbuch, die Carolina, war in Baden – zwar in abgeschwächter Form – bis 1845 gültig. 1872, ein Jahr nach der Reichsgründung, trat ein neues Strafgesetzbuch mit dem bis 1994 gültigen §175 in Kraft, der sexuelle Handlungen zwischen Männern mit Freiheitsstrafen belegte. Wohlgemerkt: die Rede ist hier nur von Männern, über gleichgeschlechtliche Liebe unter Frauen wurde nicht gesprochen, man munkelte und tuschelte lediglich, was auch mit an der damaligen Weltanschauung lag, waren Frauen doch »dem Manne Untertan« …

INTERESSANT

ihrer Großeltern Kurfürst Friedrichs V. mit Elizabeth Stuart, denn, wie sie schnell erfahren sollte, zog ihr Gemahl, von dem sie als »Monsieur« sprach, die Gesellschaft diverser Höflinge der seiner Gattin vor. Er führte in Versailles ein ausschweifendes und für sie provokantes Leben, über das sie ihrer Tante Sophie in Hannover in vielen ihrer fast 60.000 Briefe berichtete. Als Bruder des Königs musste Monsieur selbstredend keinerlei Strafe fürchten, seinen Favoriten und Liebhabern erging es jedoch nicht immer so gut.

Übrigens: Marlene Dietrich, eine Ikone der Schwulen- und Lesbengemeinde – unvergessen Ihre Auftritte in den 1930er Jahren mit Frack und Zylinder – besuchte im April 1945 das Heidelberger Schloss und blickte dahin hinunter, von wo Sie gerade zum Schloss hinaufschauen!

Wir verlassen nun den Karlsplatz und gehen auf der Hauptstraße wenige Meter weiter bis zum **KORNMARKT**, in dessen Mitte die 1718 von Peter van den Branden

INFO

Die bei diesem Spaziergang durch die obere Altstadt teilweise zitierten antiquierten Formulierungen sind bewusst gewählt und spiegeln die Absurdität und Menschen verachtende Ungerechtigkeit der Gesetze der letzten Jahrhunderte im Besonderen des 19. und 20. Jahrhunderts wider!

Marlene Dietrich 1945 in Heidelberg

geschaffene **MADONNA** sofort ins Auge fällt. Auch von hier hat man wieder einen wunderbaren Blick auf das Schloss – man kann ihm an vielen Orten in der Heidelberger Altstadt einfach nicht entkommen …

Das Eckhaus mit der Adresse Am Kornmarkt 5 wurde um 1713 im barocken Stil erbaut, 1839 von Charles de Graimberg, dem »Retter des Heidelberger Schlosses«, erworben und war erster Sitz der »Sammlung der Alterthümer des Schlosses«, aus dem das heutige **KURPFÄLZISCHE MUSEUM** hervorging. Charles de Graimberg kam 1810 nach Heidelberg, um Skizzen der Landschaft und der Schlossruine anzufertigen, die er dann später als Vorlage für seine Kupferstiche verwandte. Es erging ihm wie so vielen anderen, die das Schloss erblicken: es war Liebe auf den ersten Blick! Zum Schutz der Ruine, die die Heidelberger schon über 100 Jahre lang fleißig als Steinbruch zum Wiederaufbau ihrer zerstörten Stadt genutzt hatten, bezog er im Turm des Gläsernen Saalbaus ein Zimmer, um »sein« Schloss zu verteidigen. Erst später zog er in das von ihm gekaufte Anwesen am Kornmarkt um, in welchem dann ab 1900 seine Enkelin Maria von Graimberg lebte, die Begründerin der ersten katholischen sozialen Frauenschule Deutschlands. 1916 gründete sie den Berufsverband »Verein katholischer Sozialbeamtinnen Deutschlands«.

GESCHICHTE

Bis 1933 saß sie für die Zentrumspartei im Heidelberger Gemeinderat und wehrte sich erfolgreich gegen die Gleichschaltung im Nationalsozialismus und die Schließung ihrer Schule. Auch konnte sie jüdische Frauen in ihrem Haus verstecken und vor der Deportation bewahren.

1959 erhielt sie das Bundesverdienstkreuz 1. Klasse, 1964, ein Jahr vor ihrem Tod, wurde ihr die Ehrenbürgerinnenwürde der Stadt Heidelberg verliehen.

Ihre letzte Ruhe fand sie in der Grabstätte der Familie von Graimberg auf dem Heidelberger Bergfriedhof – gemeinsam mit ihrer »schwesterlichen Freundin« Theodora

PALAIS GRAIMBERG AM KORNMARKT

GRABPLATTE VON MARIA VON GRAIMBERG

Aberle, einer einstigen Schülerin und späteren Lehrerin, mit der sie auch zusammen lebte. Welcher Art die Beziehung der beiden Frauen war, ist bis zum heutigen Tag nicht gewiss.

GESCHICHTE

Wir verlassen den Kornmarkt über die Ingrimstraße, spazieren bis zur Ecke Oberbadgasse, biegen linkerhand in diese ein und stehen nach wenigen Metern vor dem Haus mit der Nummer 10. Recht unspektakulär steht es da und lässt kaum vermuten, dass sich hier über Jahrzehnte das **WHISKY A GOGO** befand, welches ursprünglich einer von zehn Heidelberger Studentenclubs war. Der Name rührte daher, dass man seinerzeit seine eigene Flasche Whisky mitbringen und diese dort in einem Schließfach deponieren konnte. 1969 machte Walter Kern alias Wally den ersten queeren Club Heidelbergs daraus.

Das Whisky a gogo Es waren illustre Gäste, die sich dort trafen, teils auch bekannte Persönlichkeiten ihrer und späterer Zeit wie Herbert Rusche, dem ersten offen schwulen Parlamentarier oder Jörn Kubicki, dem Ehemann des ehemaligen Regierenden Bürgermeisters von Berlin, Klaus Wowereit. Ab 2000 nannte sich der Club »Mata Hari goes Whisky«, 2005 schloss diese Heidelberger Institution leider endgültig ihre Pforten.

Leider verfügt Heidelberg heute über keinen queeren Club mehr, dafür aber über das größte größte **QUEER FESTIVAL** Deutschlands mit Lesungen, Diskussionen, Filmen, Partys und Konzerten – jedes Jahr im Mai, einen Monat lang. Und: seit 2020 gehört Heidelberg zu den »Rainbow Cities«, einem Netzwerk, das international inzwischen 42 Mitgliedsstädte zählt, darunter Amsterdam, Barcelona, Berlin, Helsinki, Paris, Wien und Zürich, und verpflichtet sich damit zur Gleichstellung aller queeren Menschen in allen Bereichen städtischen Lebens.

Hier drehen wir uns einmal um und laufen dann die Oberbadgasse zurück bis zur Ingrimstraße, biegen nach links ab und schlendern gemütlich durch diese recht ruhige Parallelstraße zur Hauptstraße inmitten der Altstadt bis zur Floringasse, wo es nur nach rechts Richtung Fußgängerzone gehen kann.

INTERESSANT

In der Floringasse 4, in dem sich heute eine nette **WEINBAR** befindet, war Anfang des 20. Jahrhunderts ein Gewürzladen mit »Spezereien« ansässig, der von einem gewissen Jakob Gassert betrieben wurde. Er verliebte sich in den während seiner Militärzeit in Heidelberg stationierten Hermann Volz und begann mit diesem eine Affäre. Volz entpuppte sich als gemeiner Erpresser, als er ein Jahr später 20 Mark von Jakob Gassert für sein Schweigen forderte und damit drohte, die Verbindung aufgrund des §175 zur Anzeige zu bringen. Nachdem dieser nicht reagierte, kamen Volz, sein Bruder und ein Komplize in den Laden und forderten dieses Mal 400 Mark. Volz gab ihnen alles, was er hatte, 130 Mark. Sie zogen ab, aber kamen am nächsten Tag zurück und forderten die fehlenden 270 Mark. In Panik rannte er aus seinem Geschäft die Steingasse hinunter und stürzte sich aus Verzweiflung von der Alten Brücke in den Neckar, konnte aber gerettet werden. Die Geschichte kam ans Tageslicht und die Erpresser ins Gefängnis. Jakob Gasserts Schicksal ist unbekannt, außer dass sein gesellschaftliches Leben ruiniert war.

GESCHICHTE

Nun geht es für uns von hier aus zur Hauptstraße, wo wir nach rechts abbiegen, und schon vor dem **RITTER** stehen, dem ältesten Haus der Stadt, 1592 erbaut von Charles Belier, der 20 Jahre zuvor als hugenottischer Glaubensflüchtling nach Heidelberg gekommen war und hier eine neue Heimat fand. Bis heute ist der »Ritter« damit auch Symbol für Heidelbergs Weltoffenheit und Toleranz.

Vom »Ritter« aus gehen wir gemütlich Richtung **MARKTPLATZ** – gerade hier mit Blick auf das **RATHAUS**, dem Sitz unserer Stadtverwaltung, gibt es Einiges vom queeren Leben Heidelbergs zu berichten.

INTERESSANT

> Am 26. November 2017 wurden 44 schwule und lesbische Paare gleichzeitig getraut – zwar nicht im Rathaus, denn dafür wäre das Trauzimmer zu klein gewesen, sondern in der am Neckar gelegenen Stadthalle. Obwohl dies von der Presse als »Massenhochzeit« betitelt wurde, war sie für jedes einzelne Paar ganz persönlich und individuell, war man doch gleichberechtigt in der Gesellschaft angekommen!

Der Marktplatz ist nicht nur einer der zentralen Plätze mit pulsierendem Leben in der Heidelberger Altstadt, sondern auch einer der »Austragungsorte« des **WEIHNACHTSMARKTES**. Dieser erstreckt sich in der Vorweihnachtszeit entlang der gesamten Fußgängerzo-

Marktplatz mit Rathaus

Pink Monday goes Heiliggeistkirche

ne auf insgesamt sechs Orten. Seit 2015 wird an jedem ersten Montag nach Eröffnung des Marktes der **PINK MONDAY** begangen, ein Treffen der queeren Community mit pinkfarbenem Glühwein des Weingutes Adam Müller, Pink Monday-Sammlertassen, und seit 2018 erstrahlt neben dem Marktplatz selbst auch die Heiliggeistkirche innen wie außen in einem strahlendem Pink!

Vom Marktplatz aus geht es weiter in Richtung **FISCHMARKT** unterhalb der **HEILIGGEISTKIRCHE**, von wo aus wir rechts in die Steingasse einbiegen und gemütlich hindurch schlendern. Die Gasse, die als erste ein Kopfsteinpflaster bekommen und daher auch ihren Namen hat, führt geradewegs auf die **ALTE BRÜCKE** zu. 2001 wurden die Brückentürme zum 15. Jubiläum der Heidelberger AIDS-Hilfe mit 16.000 Kondomen »verkleidet« – eine Aktion, die zur damaligen Zeit für großes Aufsehen sorgte!

Wir gehen durch das Tor hindurch bis zur Mitte der Brücke, und genießen von hieraus erst einmal den Blick auf das Schloss, das Brückentor und die Stadt. Wenn wir uns nun gen Westen wenden, sehen wir auf der rechten Neckarseite flussabwärts in der Neuenheimer Landstraße ein sonnengelbes Haus, das **HEIDELBERG COLLEGE**, die älteste nicht-kirchliche Privatschule Baden-Württembergs, gegründet schon im Jahr 1887. Ein weiteres englisches College war um die Ecke in der Brückenstraße – das **NEUENHEIM COLLEGE**.

LITERATUR

Die Familie Wilde Heidelberg und das Neuenheim College waren 1895 der Zufluchtsort von Vyvyan und Cyril Wilde, als diese gemeinsam mit ihrer Mutter Constance das prüde viktorianische England verlassen haben, nachdem ihr Vater, der begnadete irische Schriftsteller Oscar Wilde, im gleichen Jahr wegen Homosexualität und »Sodomie« zu zwei Jahren Zuchthaus verurteilt wurde. Nach Verbüßung der Strafe, die ihn als gebrochenen Mann zurückließ, schrieb er:

»An meiner eigenen Tragödie ist alles hässlich, schäbig, abstoßend, stillos. Wir sind Witzfiguren des Leids. Clowns mit gebrochenem Herzen. Karikaturen, die allenfalls noch die Lachmuskeln reizen.«

Drei Jahre später änderte Constance ihren Nachnamen und den ihrer Söhne in »Holland«, unter dem Vyvyan 1954, anlässlich des 100. Geburtstages seines Vaters, das Buch »Son of Oscar Wilde« veröffentlichte, in dem er nicht nur über das Jahr und den Aufenthalt in Heidelberg berichtet, sondern auch sein Leben als Sohn eines einstmals gefeierten und verehrten und dann verstoßenen genialen Künstlers beschreibt.

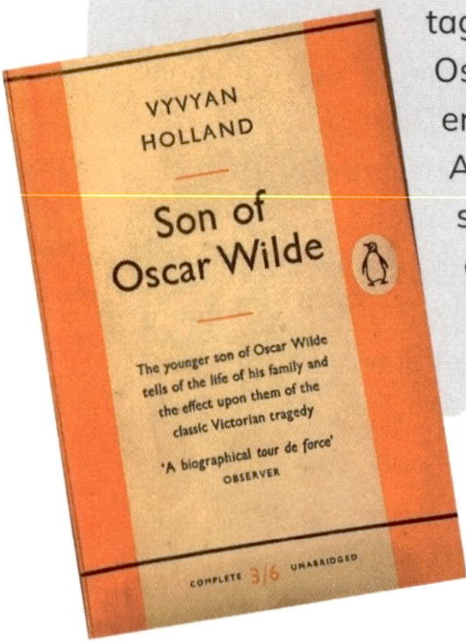

An dieser Stelle, an der man sich auch mit Blick auf den **PHILOSOPHENWEG** und dem Blick in die Rheinebene der viel besungenen Heidelberger Romantik bewusst wird, erinnern wir uns auch an Jakob Gassert, der versuchte, sich von hier mit dem Sturz in den Neckar das Leben zu nehmen. Diese Verzweiflungstat zeigt, wie nah doch die Romantik und die grausame Wirklichkeit der vergangenen Zeit beieinander lagen.

Von der Alten Brücke geht es wieder zurück in die Stadt, durch das Brückentor hindurch, rechts abbiegen und gleich wieder in die Haspelgasse nach links, kurz und bündig.

In der Haspelgasse 16 findet man den **HEIDELBERGER STUDENTENKUSS**, seit 1863 DAS süße Heidelberger Souvenir und immer noch in Familienhand. Ein Student und eine junge Dame küssen sich – fast! Wie passend zum romantischen Bild Heidelbergs des 19. und 20. Jahrhunderts und das perfekte Mitbringsel, das auch schon Bill Clinton und Michelle Obama bekommen und William und Kate vor Ort verzehrt haben. Seit 2015 gibt es auch zwei queere Varianten: zwei Jungs und zwei Mädels, die sich ebenfalls nur – fast – küssen!

Der queere Heidelberger Studentenkuss

Weiter geht es hinauf zur Hauptstraße, in die wir nach rechts abbiegen in Richtung **UNIVERSITÄTSPLATZ**. Vor dem Haus Nummer 121 befindet sich einer der über 270 Heidelberger **STOLPERSTEINE**, die seit 2010 zur Erinnerung an im Nationalsozialismus verfolgte, vertriebene oder ermordete Juden, Homosexuelle und politisch Verfolgte verlegt wurden. In diesem Haus lebte die Familie Durlacher, die 1940 in das französische Lager Gurs verbracht wurde. Die Eltern wurden in Auschwitz umgebracht, ihre beiden

Söhne konnten sich schon vor Kriegsausbruch nach England in Sicherheit bringen.

Die Stolpersteine an dieser Stelle sollen stellvertretend auf einen anderen hinweisen, der nicht an unserer Strecke liegt, sondern weiter im Westen in der **BERGHEIMER STRASSE 81**. Dieser erinnert an das kurze, tragische Leben des jungen homosexuellen Richard Max Broosch, der mit nur 31 Jahren im KZ Mauthausen ermordet wurde. Der Stein für Broosch ist übrigens der einzige, der auf den Tod eines queeren Menschen in Heidelberg in der NS-Zeit verweist.

Wir laufen die Hauptstraße nun ein kleines Stück gen Westen weiter, um gleich links in die Sandgasse einzubiegen, die am oberen Ende wiederum in die **PLÖCK** mündet. Ab 1889 lebte der junge Magnus Hirschfeld, der Initiator der weltweit ersten Homosexuellenbewegung, drei Semester lang im Haus Nummer 10 bei einem Lehrerehepaar, dem er sowohl seine jüdische Herkunft als auch seine Homosexualität verschwiegen hatte.

Unsere letzte Station ist der **UNIVERSITÄTSPLATZ**, der am einfachsten über die bereits erwähnte Plöck im Süden zu erreichen ist. An der **UNIVERSITÄTSBIBLIOTHEK** geht es links um die Ecke, dann

Der junge Markus Hirschfeld mit seinen Brüdern

MAGNUS HIRSCHFELD

Nach der Zeit in Heidelberg ging er nach Berlin, gründete dort 1897 das Wissenschaftlich-humanitäre Komitee (WhK) und setzte sich zeitlebens für die Abschaffung des §175 ein. Er war Herausgeber der Zeitschrift »Jahrbuch für sexuelle Zwischenstufen« und prägte durch eine seiner bedeutenden Forschungsarbeiten 1910 den Begriff des »Transvestiten«. Neun Jahre später eröffnete er in Berlin, das damals als Zentrum homosexuellen Lebens galt, das Institut für Sexualwissenschaft. Sein Lebensmotto lautete: »Per scientiam ad iustitiam«, was auf Deutsch bedeutet: »Durch Wissenschaft zur Gerechtigkeit!«

gleich die Nächste wieder links, in die Grabengasse, und diese gemütlich hinunter zum Uniplatz nehmen. Auf der südlichen Seite wird dieser durch die **NEUE UNIVERSITÄT** flankiert, auf der nördlichen Seite durch den barocken Bau der **ALTEN UNI**, wie die Heidelberger sagen.

UNIVERSITÄT

Seit ihrer Gründung im Jahr 1386 schrieb die Universität Erfolgsgeschichte. Die Liste derer, die an ihr studierten, bekannt wurden, lehrten und Berühmtheit erlangten, ist lang. Plätze, Straßen, Schulen und Einrichtungen wurden nach ihnen benannt, aber auch die Objekte, die sie entdeckt haben. Bei der Frage nach dem Erfinder des Bunsenbrenners muss wohl hoffentlich keiner lange überlegen…! Es erklärt sich von selbst, dass auch viele queere Menschen an der Heidelberger Universität studiert oder gelehrt haben.

Einer davon ist der Student und spätere Schriftsteller Percy Gothein (Peter Paul Heinrich Gothein, 1896 – 1944). Die Gotheins waren eine sehr bekannte Familie in Heidelberg, sein Vater Eberhard Gothein lehrte an der

Heidelberger Universität, wo er den Lehrstuhl von Max Weber für Nationalökonomie übernahm, und er war Rektor der Universität. Außerdem wurde er in die Heidelberger Akademie der Wissenschaften aufgenommen. Seine Mutter Marie Luise Gothein wurde 1931 mit der Ehrendoktorwürde der Universität Heidelberg ausgezeichnet, für eine Frau damals eine Sensation.

GESCHICHTE

Percy Gothein 1935 floh er nach Italien, weil gegen ihn nicht nur wegen »widernatürlicher Unzucht« gefahndet wurde, sondern auch weil er Halbjude war. Nach der Besetzung Italiens durch die Nazis floh er 1944 über Deutschland nach Amsterdam in die besetzten Niederlande, wo er untertauchen wollte. Er war zu unvorsichtig und wurde von den Nazis mit seinem jüngeren Freund erwischt. Beide wurden festgenommen, bei ihrem Abtransport gelang seinem jungen Liebhaber die Flucht aus dem Zug durch einen Sprung aus dem Fenster, Percy kam ins KZ Neuengamme, wo er im Dezember 1944 ermordet wurde. Sein Grab befindet sich im Familiengrab der Gotheins auf dem Heidelberger Bergfriedhof.

1974 wurde in Heidelberg die hauswirtschaftliche Berufsschule in **MARIE-BAUM-SCHULE** benannt, nach der Frau, die 1928 einen Lehrauftrag an Alfred Webers Institut für Sozial- und Staatswissenschaften erhielt und als Pionierin der sozialen Arbeit gilt. 1933 wurde ihr dieser aus rassistischen Gründen entzogen. In der NS-Zeit engagierte sie sich für Verfolgte des Regimes. Im September 1945 erhielt sie ihren Lehrauftrag zurück.

Mit Ricarda Huch, die sie 1896 beim Studium in Zürich kennenlernte, verband sie eine lebenslange Freundschaft. Anfang der 1930er Jahre lebten sie zusammen in Baums Haus, einem ehemaligen Kloster, in der Heidelberger Altstadt, wobei es hier keinen eindeutigen Hinweis auf eine Liebesbeziehung gibt. Geredet haben die Leute damals dennoch …

Zum Abschluss dieses Spaziergangs, der zum Nachdenken anregt, noch eine Anmerkung: Jener §175, der erst 1994 aus dem Strafgesetzbuch der Bundesrepublik Deutschland ersatzlos gestrichen wurde, stellte »nur« die Homosexualität zwischen Männern unter Strafe. Lesbische Frauen blieben dadurch im Verborgenen, waren unsichtbar.

»Die Lebensrealität frauenliebender Frauen ist ein Stück verlorener Geschichte!«

Kirsten Plötz, Historikerin

Erst seit ungefähr 15 Jahren wird nach lesbischer Geschichte geforscht, ganz zu schweigen von der Geschichte anderer sexueller Identitäten. Die Mehrzahl der Geschichten schwuler Männer soll daher stellvertretend für die Geschichten aller queerer Menschen stehen.

Universitätsplatz

FESTIVALS, FESTE, FRÖHLICHKEIT

Plant man seinen Aufenthalt in der Stadt am Neckar, so kann man sich je nach Vorliebe, Interesse und Reisezeit für bestimmte kulturelle Veranstaltungen hier gleich zeitlich etwas orientieren:

HEIDELBERGER FRÜHLING

Von Ende März bis Ende April treffen sich Elitekünstler aus der ganzen Welt zu diesem internationalen Musikfestival in Heidelberg. An verschiedenen Spielstätten, wie zum Beispiel der Alten Aula der Universität, der Heiliggeistkirche, der Jesuitenkirche oder dem Großen Saal der historischen Stadthalle, finden seit 1997 Konzerte, Liederabende, begleitende Vorträge, Künstlerabende und Workshops statt.
www.heidelberger-fruehling.de

HEIDELBERGER STÜCKEMARKT

Von Ende April bis Anfang Mai wird hier im Besonderen moderne Dramatik von deutschen und ausländischen Nachwuchsautoren präsentiert.
www.heidelberger-stueckemarkt.de

HEIDELBERGER LITERATURTAGE

Für drei Tage im Mai finden im Rahmen dieses Literaturfestivals Lesungen nationaler und internationaler Künstler und Autorengespräche statt.
www.heidellittage.de

SCHLOSSBELEUCHTUNGEN

Dieses dreimal jährlich stattfindende Spektakel erinnert an die glanzvollen Hochzeitsfeierlichkeiten Kurfürst Friedrichs V. und der englischen Prinzessin Elizabeth Stuart im Jahre 1613 – ein wahrhaft romantisches Ereignis. Bevor das Feuerwerk auf der Alten Brücke entzündet wird, scheint das Schloss lichterloh in Flammen zu stehen. Damit wird auch der Zerstörungen aus den Jahren 1689 und 1693 durch die Franzosen gedacht.

HEIDELBERGER SCHLOSSBELEUCHTUNG

Termine jährlich: 1. Sa. im Juni, 2. Sa. im Juli, 1. Sa. im September
Beginn: 21.30 Uhr

Den besten Blick hat man von der dem Schloss gegenüberliegenden Neckarseite, entweder direkt vom Ufer aus oder vom Philosophenweg, sozusagen Logenplätze! Aber Achtung: Dies ist kein Geheimtipp, dort wird es richtig voll sein!

Ein besonderes Erlebnis ist es, die Veranstaltung vom Schiff aus zu erleben. Um Tickets muss man sich allerdings rechtzeitig bemühen.

Weisse Flotte Heidelberg
Tel.: 06221-20181
www.weisse-flotte-heidelberg.de

Heidelberger Solarschifffahrtsgesellschaft
Tel.: 07263-409284
www.hdsolarschiff.com

Und der letzte vielleicht wirkliche Geheimtipp zum Betrachten der Schlossbeleuchtung ist die Scheffelterrasse im »Hortus Palatinus«. Von der östlichsten Seite des Schlossgartens sieht man das Schloss natürlich nicht komplett von vorne, jedoch hat man einen atemberaubenden Blick auf den Neckar, die Alte Brücke, die ganze Stadt mit ihren Lichtern und je nach Jahreszeit und Witterung bis weit hinaus in die Rheinebene.

HEIDELBERGER SCHLOSSFESTSPIELE

Die Tradition der Schlossfestspiele reicht bis in die 1920er Jahre zurück, wenn man es genau nimmt, sogar bis ins frühe 17. Jahrhundert. Kurfürst Friedrich V. ließ auf dem Dicken Turm ein rundes Theater nach dem Vorbild des Globe Theatres in London errichten, in dem das erste Shakespeare-Stück auf dem Kontinent überhaupt aufgeführt worden sein soll: »The Tempest« (Der Sturm).

Heute umfasst der Spielplan so ziemlich alles, was das Herz begehrt: von Oper und Operette, über Liederabende und Matineen bis zu Kinderstücken und Serenadenkonzerten.

Kernstück war über lange Jahre »The Student Prince – der Studentenprinz«, die herzzerreißende Liebesgeschichte von Prinz Karl-Franz und der Nichte eines Heidelberger Wirtes, Käthi. Bis in

die 1950er Jahre war das Stück unter dem Titel »Alt Heidelberg« ein Renner auf deutschen Theaterbühnen. Schon bei seiner musikalischen Uraufführung am New Yorker Broadway 1924 beflügelte es den Mythos Heidelberg und trug in den Folgejahren wesentlich zu seiner Festigung bei. Leider steht das Stück seit einigen Jahren nicht mehr auf dem Spielplan, die Hoffnung stirbt bekannterweise jedoch zuletzt, und so hoffen viele nicht nur in Heidelberg, dass der »Student Prince« eines Tages ins Schloss zurückkehren wird.

Heidelberger Schlossfestspiele
Termin: jährlich im Sommer von Mitte Juni bis Ende Juli/Anfang August
Tel. und Tickets: 06221-5820000 und 06221-4332212
www.theaterheidelberg.de/festivals

KERWE

Von allen Stadtteilfesten sind das Neuenheimer Fischerfest und die »Hendsemer Kerwe« schon weit über die Stadtgrenzen hinaus bekannte Kultveranstaltungen geworden. Rund um die Handschuhsheimer Tiefburg wird immer am dritten Juni-Wochenende gefeiert, in Neuenheim tobt der Bär meist zum Wochenende der letzten Schlossbeleuchtung im September.
Informationen unter www.tiefburg.de und www.stadtteilverein-neuenheim.de

HEIDELBERGER HERBST

Das größte und beliebteste Altstadtfest der ganzen Region findet alljährlich am letzten Samstag im September statt. Musikbühnen, Buden, Stände, Flohmarkt, ein mittelalterlicher und ein kunsthandwerklicher Markt und unzählige kulinarische Versuchungen lassen das Leben in der Stadt bis spät in die Nacht vibrieren. Ein Muss für Heidelberg-Fans!
www.heidelberg-marketing.de

ENJOY JAZZ

Internationales Festival für Jazz und »Anderes« für drei Wochen im Oktober.
www.enjoyjazz.de

INTERNATIONALES FILMFESTIVAL HEIDELBERG-MANNHEIM

Zu dieser alljährlichen im Oktober in Heidelberg und Mannheim stattfindenden Veranstaltung zieht es Cineasten schon seit 1951 weit über die Region hinaus. Hier wird Programmkino groß geschrieben – und besonders reizvoll ist die Spielstätte in Heidelberg: ein großer heller Pavillon im Hortus Palatinus des Heidelberger Schlosses.
www.iffmh.de

HEIDELBERGER WEIHNACHTSMARKT

Ein letztes Highlight zum Jahresende in der Heidelberger Veranstaltungslandschaft ist der Weihnachtsmarkt! Entlang der gesamten Fußgängerzone auf sechs Plätze verteilt lockt er mit besonders großer Vielfalt an 140 Ständen. Der krönende Abschluss befindet sich am Karlsplatz am Ende der Hauptstraße: eine Eisbahn direkt am Fuße des Schlosses. Schlittschuhe können ausgeliehen werden, und man kann diesem winterlichen Vergnügen bis in den Januar hinein frönen!

Heidelberger Weihnachtsmarkt
Termin: jährlich, ab Mi. vor dem ersten Advent bis 22. Dezember
Öffnungszeiten: tägl. 11 – 21 Uhr

THEMATISCHE STADT- UND SCHLOSSFÜHRUNGEN

So vielseitig und abwechslungsreich Heidelberg in seinen geschichtlichen Facetten ist, so

KOMM, ICH ZEIG DIR HEIDELBERG ...

umfangreich ist auch das Angebot an thematischen Stadt- und Schlossführungen für Gäste und Besucher.

Um die Entscheidung, »wohin und worüber lasse ich mich führen«, etwas zu erleichtern, finden Sie hier eine Auswahl an Vorschlägen verschiedener Führungen und verschiedener Themen gleich mit Kontaktadressen für Anfragen und Buchungen in alphabetischer Reihenfolge.

Öffentliche Führungen
Dauer: ca. 1,5 Stunden
Apr. bis Okt. täglich 10.30 Uhr, zusätzlich freitags 18 Uhr und samstags 14.30 Uhr,
Nov. bis Mär.: Fr. 14.30 Uhr und Sa. 10.30 Uhr
Treffpunkt: Neckarmünzplatz vor der Tourist Information

Stadtrundfahrten
Dauer ca. 2 Stunden, einschließlich Schlossaußenführung und inklusive Schlossticket
Apr. – Okt.
Fr. und Sa. + Pfingstsonntag um 13.30 Uhr,
Nov. – Mär.
Sa. 13.30 Uhr
Mindestteilnehmerzahl: 5 P.
Treffpunkt: Neckarmünzplatz, Infotafel (Bushaltestelle)

ALTSTADT- UND SCHLOSSFÜHRUNGEN

Heidelberg Marketing GmbH
Tel.: 06221-5840200
info@heidelberg-marketing.de
www.heidelberg-marketing.de

event & eventchen Heidelberg
Tel.: 06221-8673580
info@kmte-heidelberg.com
www.eventchen-heidelberg.com

Service Center Schloss Heidelberg
Tel.: 06221-658880
service@schloss-heidelberg.com
www.schloss-heidelberg.de

Heidelberger Gästeführer e.V.
Tel.: 0176-52447211

fuehrungen@heidelberger-gaestefuehrer.de
www.heidelberger-gaestefuehrer.de

Informationen für Gäste mit Mobilitätseinschränkung gibt es unter:
www.heidelberg.huerdenlos.de

Empfehlungen für thematische Führungen:

- »Kulinarischer Streifzug durch die Heidelberger Altstadt« (inkl. Aperitif, regionales 3-Gang-Menü, drei magische Elixiere und süßer Überraschung)
- »Student tot aufgefunden!« Zeitreise zu einem ungelösten Mordfall (Interaktive Krimiführung zum Mitraten)
- ... und weitere über event & eventchen Heidelber

- »Auf den Spuren von Mark Twain«
- »Liselotte von der Pfalz«
- »Kunst und Künstler«
- »Heidelberger Kuriositäten«
- »Die Universität Heidelberg«
- ... und viele weitere über die Heidelberger Gästeführer e.V.

- »Leben bei Hofe« (Kostümführung)
- »In des Königs Lustgarten«
- »Von Rittern, Zwergen und schönen Prinzessinnen« – Familienführung
- »Mid' m Waschweib unterwegs«
- ... und viele weitere über das Schloss Heidelberg

»Die Pfötchentour«
Patafou und sein Frauchen Jutta Ringk freuen sich, Ihnen das schöne Heidelberg für Vier- und Zweibeiner bei dieser hundgerechten Tour zu zeigen – inklusive Badestelle am Neckar!
Tel.: 0179-6915828
www.pfoetchen-tour.de

Das »Waschweib« vom Schloss

Steffen Schmid bei der QueerTour

»Die QueerTour Heidelberg«

...können Sie auch direkt bei Steffen Schmid, dem Urheber und Initiator dieser außergewöhnlichen Tour auf den Spuren queeren Lebens in Heidelberg buchen.
queetour-heidelberg@gmx.de
www.queertour-heidelberg.de
Sämtliche Einnahmen durch die QueerTour werden an Queeramnesty (www.queeramnesty.de) gespendet!

Generelle touristische Informationen zu Pauschalarrangements, Hotels, Veranstaltungen, Prospektbestellungen und Informationen vor Ort:

Heidelberg Marketing GmbH
Neuenheimer Landstraße 5
69120 Heidelberg
Tel.: 06221-5840200
info@heidelberg-marketing.de
www.heidelberg-marketing.de

Tourist Information am Neckarmünzplatz
69115 Heidelberg
Tel.: 6221-5844444
touristinfo@heidelberg-marketing.de
Öffnungszeiten: 1. Apr. – 31. Okt.: Mo. – Sa. 9 – 19 Uhr, So. und Feiertag 10 – 18 Uhr; 1. Nov. – 31. Mär.: Mo. – Sa. 9 – 18 Uhr, So. und Feiertag geschlossen

Tourist Information im Rathaus
Marktplatz
69117 Heidelberg
Öffnungszeiten: Mo. – Fr. 8 – 17 Uhr, Sa., So. und Feiertag geschlossen

Heidelberg vom Neckar aus – einmal aktiv und einmal herrlich passiv

Bewegen Sie sich doch mal wieder! Dieses Mal nicht zu Fuß durch Heidelberg, sondern sportlich aktiv mit einem Kajak den Neckar flussauf- und flussabwärts. Sie müssen kein Profi sein, denn Sie werden professionell von Ludger Benighaus in die Kunst des »Kajakens« eingeführt, und ich verspreche Ihnen, ob alleine oder im 2er-Kajak, Sie werden einen Heidenspaß haben!
Tel.: 06221-587370
benighaus@me.com
www.paddle-tours.de

Bis zu 10 Personen oder auch nur zwei Verliebte können individuell und exklusiv auf einer der beiden brandneuen über 100 Jahre alten liebevoll restaurierten Schaluppen Heidelberg vom Neckar aus erleben. Prickelndes und Häppekes zum Gnießen,,,? Kein Problem – gleich mitbuchen!
Tel.: 0172-5738089
info@riverboat-heidelberg.de
www.riverboat-heidelberg.de

Kajak auf dem Neckar

Riverboat Heidelberg – Ahoi!

DIE AUTORIN

© Felix Bäcker

Susanne Kahlig lebt seit Kindesbeinen in Heidelberg und hatte nie das Bedürfnis diese Stadt zu verlassen. Seit 2000 ist sie Gästeführerin und hat 2002 die Agentur event & eventchen Heidelberg gegründet, um ihren Gästen Heidelberg mit ganz individuellen und unterhaltsamen Stadt- und Schlossführungen zu zeigen.

Ein großes **DANKESCHÖN** für tolle Zusammenarbeit, unkomplizierte Schnellhilfe, Rücken frei halten, Riesengeduld und Verständnis geht in alphabetischer Reihenfolge – diejenigen wissen dann schon, zu welcher Fraktion sie gehören ... - an:

Sabine Haferkorn, Patrick Jelinek, Marina Kling,
Julia Lübbecke, Markus Mathes, Mike Mergenthaler, Oliver Miltner, Silke Ronneburg, Andrea Roth, Steffen Schmid, Raimund Wolfert

Färdisch ☺

BILDNACHWEIS

Icons: ArtMar/Shutterstock; Designed by macrovector / Freepik; Designed by Olga_spb / Freepik; Designed by Freepik; Designed by rawpixel.com / Freepik; Designed by 0melapics / Freepik; Lemonade Serenade/Shutterstock, Olga_Angelloz/Shutterstock

Farbstreifen: Designed by Harryarts / Freepik

Alle Bilder von Susanne Kahlig mit Außnahme von:
Seite 90: Scan alte Weinkarte: Weinhaus Fehser
Seite 110: Logo Heidelberger Straßen- und Bergbahn AG
Seite 125: »Roter Ochsen« Familie Spengel, Heidelberg
Seite 132: HIP-Hotel
Seite 134: Markus Mathes
Seite 146: Regenbogenschloss Steffen Schmid, Brückentor: AIDS-Hilfe Heidelberg
Seite: 147: Steffen Schmid
Seite 150: Deutsche Kinemathek – Marlene Dietrich Collection Berlin
Seite 152: linkes Bild: Steffen Schmid, rechtes Bild: Thomas Dümpelmann
Seite 155: rechtes Bild: Marco Herzog
Seite 156: Repro
Seite 158: Archiv der Magnus-Hirschfeld-Gesellschaft e.V., Berlin
Seite 161: Heidelberg Marketing GmbH, Tobias Schwerdt
Seite 164: rechtes Bild: Heidelberg Marketing GmbH
Seite 167: Service Center Schloss Heidelberg
Seite 168: Matthias Becher
Seite 169: rechtes Bild: Riverboat Heidelberg, Sabine Arndt

Liniennetzplan Heidelberg

Regelangebot Stand September 2022, kurzfristige Abweichungen und Änderungen möglich, Angaben ohne Gewähr; Gestaltung und Grafik: © Baumgardt Consultants GmbH in Zusammenarbeit mit rnv GmbH (KM3/Kundeninformation)

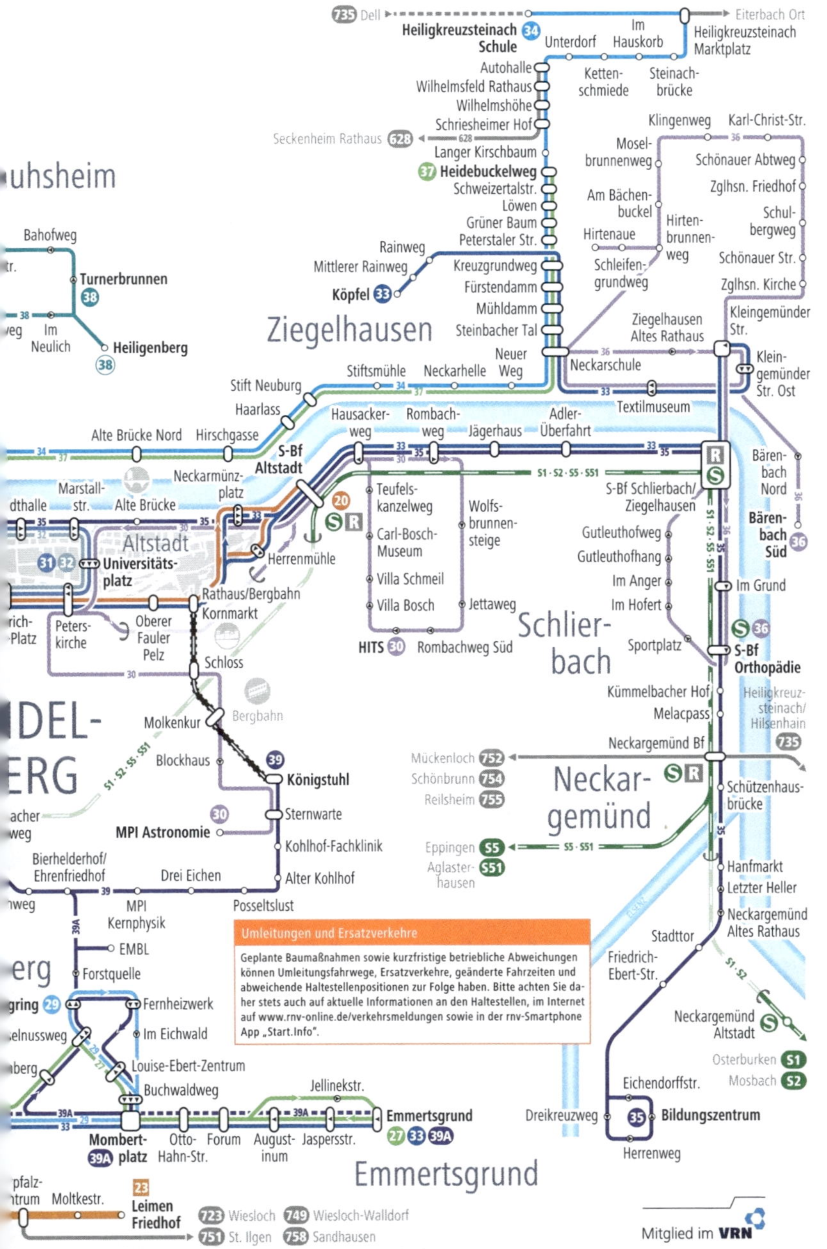

Umleitungen und Ersatzverkehre

Geplante Baumaßnahmen sowie kurzfristige betriebliche Abweichungen können Umleitungsfahrwege, Ersatzverkehre, geänderte Fahrzeiten und abweichende Haltestellenpositionen zur Folge haben. Bitte achten Sie daher stets auch auf aktuelle Informationen an den Haltestellen, im Internet auf www.rnv-online.de/verkehrsmeldungen sowie in der rnv-Smartphone App „Start.Info".